kurz & bündig

macht in kurzer Lesezeit
mit dem Wichtigsten vertraut.
Die einzelnen Bände dieser Serie bieten
Einblicke in die Themenkreise

Religion & Philosophie
Wirtschaft & Gesellschaft
Natur & Umwelt
Wissenschaft & Technik
Kunst & Kultur
Sprache & Literatur
Geschichte & Geographie

Herausgegeben von Wolf In der Maur

Eva Mitterbauer

Verhaltens-forschung

Wieso mag der Hund die Katze nicht?
Sprechen Affen miteinander?
Warum schwimmen Heringe im Schwarm?
Die Verhaltensforschung ist den
Gründen auf der Spur.

hpt-Verlagsgesellschaft

CIP-Titelaufnahme der Deutschen Bibliothek

Mitterbauer, Eva:
Verhaltensforschung / Eva Mitterbauer. — Wien : hpt-Verl.-Ges., 1989
(kurz & bündig)
ISBN 3-85128-035-0

Redaktion: Doris Stoisser
Einbandgestaltung: Erich Baumann

Satzherstellung: inter-letter, Wien
Druck und Bindung: Ueberreuter, Wien-Korneuburg

Inhalt

Vorwort des Herausgebers

Irgendwann, vor urdenklichen Zeiten, mag sich der Mensch aus der Tierwelt herausgelöst haben und stieg vom homo erectus (dem Aufrechten) zum homo faber (dem Werkenden) zum homo sapiens (dem vernunftbegabten Wesen) auf. Er verlor auf diesem Wege wohl eine Reihe von Eigenschaften und Instinkten, doch gewann er auch ganz neue, den Verlust ersetzende und diesen oft weit übertreffende hinzu.

So wurde er befähigt, sich „die Erde untertan" zu machen. Um den Preis, daß er aus der „Tierwelt" ausschied und den Gegensatz zwischen Mensch und Natur begründete (obwohl er selbst ja von der Natur nicht zu trennen ist).

Glaubte man in der Antike, daß dem Tier, wie wohl „allem Lebendigen" eine Seele innewohne, so begann der homo sapiens den Besitz einer solchen für sich alleine zu beanspruchen. (In einigen Kulturen ging er sogar so weit, auch der Frau die Seele abzusprechen.) Das Tier wurde, angefeuert durch den Descartismus (die Lehren Descartes', eines der frühen Aufklärer), von einem Wesen zur Sache, im Rechtsdenken des christlichen Abendlandes zum dinglichen Besitz des Menschen.

Erst die Verhaltensforschung korrigierte dieses simple Bild. Nicht, indem sie des Tieres Seele und deren Sitz entdeckt hätte. Doch indem sie durch die systematische Erforschung der Verhaltensweisen, der diesen innewohnenden psychischen Komplexe und im Quervergleich zum menschlichen Verhalten bisher entgangene „Verkettungen" und „Vernetzungen" hervortreten ließ, deren Ergebnisse auf vielen Lebens- und Wissensgebieten erstaunliche Nutzanwendungen ermöglichen, wovon in diesem Buche eindrucksvoll berichtet wird.

Ohne weiteres kann man feststellen, daß die Verhaltensforschung als Wissenschaft gemeinsam mit der Psychologie aufblühte, deren wissenschaftlicher Rang ja lange bestritten wurde. Beide folgen einer eindeutigen Tendenz: mehr, ja womöglich alles über unser Woher und Wohin zu erfahren; über Grund und Art der Antriebe, denen „das Leben" folgt.

Manchen Betrachtern mag das als eine unnütze Tätigkeit erscheinen. In der Tat aber hat die Verhaltensforschung unter anderem einen der wichtigsten Beiträge zu einem neuen Umweltbewußtsein geleistet, dessen Bedeutung immer noch steigt.

Verhaltensforschung eröffnet uns neue Einblicke in „das Leben", bis zu jenen in unser eigenes Wesen. Über ihre Geschichte, ihr Wirken, ihre Erkenntnisse und Ergebnisse berichtet die Autorin spannend und faßlich in diesem Buch.

Wolf In der Maur

Tiere — Freunde, Feinde und Opfer der Menschen

Das Interesse des Menschen am Tier ist wohl so alt wie der Mensch selbst. Die ersten Kontakte zwischen Tier und Mensch waren sicher feindlicher Natur. Vor 2—3 Millionen Jahren galt in der freien Wildbahn (wie auch heute noch) das Prinzip vom „Fressen und Gefressen werden". Da sich der Mensch weder durch besondere Schnelligkeit noch durch extreme Stärke oder Gefährlichkeit auszeichnet(e), waren es allein seine geistige Überlegenheit und seine Unspezialisiertheit, die ihn im Überlebenskampf so erfolgreich sein ließen.

Als „Spezialist auf Unspezialiertsein" bezeichnete Konrad *Lorenz* den Menschen (1959). Müßte der Mensch zu einem Mehrkampf mit verschiedenen Tieren antreten, würde er wahrscheinlich keine einzige Disziplin gewinnen, in Summe aber den Sieg davontragen.

Um den Überlebenskampf gegen „wilde" Tiere zu bestehen, legte sich der Mensch künstliche Organe, nämlich Waffen und Geräte zu, deren Entwicklung eng mit seiner geistigen Evolution verbunden war. Der Einsatz von Waffen erleichterte dem Menschen die Jagd. Aber nur das genaue Wissen um die Eigenarten der Beutetiere ermöglichte den Erfolg. Die eiszeitlichen Jäger erkannten, daß tierisches Verhalten vorhersehbar war, und nützten dies aus.

Nachdem der Mensch vor etwa 12.000 Jahren seßhaft geworden war, nahm die Bevölkerung stark zu. Der vermehrte Fleischbedarf wurde durch das Halten gezähmter Wildtiere gedeckt. Aus den Wildtieren entstanden so die Haustiere (Domestikation). 10.000 Jahre v. Chr. zeigt der in Mitteleuropa, Nordamerika und Vorderasien domestizierte Hund bereits die typischen Merkmale eines Haustieres: Schlappohren, Verkürzung des Gesichtsschädels, Verringerung der Hirnmasse.

Etwa 3.000 Jahre später entstand aus dem europäischen Wildschwein und dem asiatischen Bindenschwein das Hausschwein, das Hausrind gibt es seit etwa 5.000 Jahren.

Von den mehr als 8.600 Vogelarten und 6.000 Säugetieren werden ungefähr 20—30 Arten als Haus- und Nutztiere vom Menschen gezüchtet.

Das Schwein auf dem Teller

Die Technik hat zwar Zug- und Lasttiere großteils verdrängt, als Nahrungslieferant ist das Tier aber unersetzlich. Um immer mehr Profit aus den tierischen Produkten zu schlagen, werden die Zuchttiere unter „unmenschlichsten" Bedingungen gehalten und hochgezüchtet. Hühner hocken zu Tausenden zusammengepfercht in Legebatterien, Zuchtschweine verdoppeln oder verdreifachen ihr Gewicht innerhalb weniger Wochen mit Hilfe von Hormonpräparaten und werden nur mit Vitaminpillen und herzstärkenden Mitteln am Leben erhalten.

Neueste Forschungen ergaben, daß Haustiere, die unter möglichst natürlichen Bedingungen gehalten werden, wesentlich gesünder und robuster sind als Tiere in Massenhaltung. Es besteht die Hoffnung, daß die Ergebnisse der Ethologie und die Einsicht der Züchter der Massenhaltung ein Ende setzen.

Für die Ernährung der Menschen sind neben den Zuchttieren natürlich auch viele frei lebenden Tiere von Bedeutung.

Mehrbeinige und kriechende Götter

Die besondere Beziehung des Menschen zum Tier spiegelt sich in der Mythologie wider. Die heilige Kuh Indiens, der Adler als Wappentier, das Opferlamm, die böse, falsche Schlange, die Menschen zur Sünde verführte, sind nur einige Beispiele.

Auch im täglichen Sprachgebrauch begleitet uns das „liebe Vieh“: Die dumme Gans, die Drecksau, der Angsthase, der Schweinehund und das arme Schwein sind allen bekannt. Wir vergleichen uns oder unsere Eigenschaften mit jenen der Tiere: anpassungsfähig wie ein Chamäleon, stumm wie ein Fisch, stark wie ein Stier, anmutig wie eine Gazelle, edel wie ein Schwan, scheu wie ein Reh, fett wie ein Schwein, verschlossen wie eine Auster oder flink wie ein Wiesel, diebisch wie eine Elster!

Einige Tiere sind nach wie vor „Feinde“ des Menschen. Ratten, Mäuse oder Marder knabbern Lebensmittelvorräte an. Insekten übertragen Krankheiten, Zecken verursachen die Frühjahrsmeningitis, Würmer siedeln sich als Parasiten in Gedärmen an, Wanderheuschrecken zerstören die Vegetation ganzer Landstriche, sogenannte Schädlinge (Blattläuse, Milben, Getreidekäfer) bedrohen die Obst- und Gemüseernten. Durch bessere Kenntnis der Beziehungen der Tiere zueinander (Räuber — Beute) könnte man dieses Problem auch ohne (mit weniger) Chemikalien ganz gut in den Griff bekommen.

Wehrlos der „Menschlichkeit“ ausgeliefert

Für den Menschen der hochtechnisierten Industriestaaten ist das Tier nicht nur als Nahrungsmittel von Bedeutung, es ersetzt als Kuschel- und Schmusetier den immer seltener werdenden zwischenmenschlichen Kontakt, dient dem Prestige oder wird an „Kindesstatt“ gehalten. Es stellt keine lästigen Fragen und ist im allgemeinen weniger problematisch und leichter zu pflegen als ein Junges der eigenen Art.

Jeder Haustierbesitzer sollte aber über die Verhaltensweisen seines Tieres Bescheid wissen, um es richtig behandeln und pflegen zu können. Hunde etwa sind Rudeltiere. Sie fügen sich in die Familie ein und akzeptieren ihren „Rudelführer". Katzen hingegen sind Einzelgänger und daher „eigenwillig" und schwerer an ein „Familienleben" zu gewöhnen.

Tiere dienen dem Menschen auch zur Belustigung. Zirkusvorstellungen, wo Affen Purzelbäume schlagen, Bären sich zur Walzermusik im Kreise drehen und Papageien auf Mini-Fahrrädern durch die Gegend fahren, sind „eine Viecherei"! Denn all die gezeigten Kunststücke sind für die Tiere atypisch. Die Bewegungsfolgen werden dem Tier oft nur durch harte Dressur, meist unter Nahrungsentzug beigebracht. Daran denkt beim Zuschauen im Zirkus wohl niemand.

Menschliches Vergnügen der besonders tierischen Art sind die Tierkämpfe. Stilettbewehrte Hähne werden beim Hahnenkampf, den es seit der Antike gibt und der heute noch in Spanien, Mexiko, SO-Asien geübt wird, so lange aufeinandergehetzt, bis einer leblos in der Arena liegenbleibt. Auch Hengstkämpfe, Hundekämpfe und Stierkämpfe bereiten nur den Zuschauern Vergnügen — den Tieren aber Qualen, wenn das schwächere Tier durch Demutsgebärden seine Unterlegenheit anzeigt, würde kein Tier weiter angreifen oder gar töten, denn die Demutsgebärde wirkt auf den Angreifer beschwichtigend und tötungshemmend: Der Stärkere läßt den Schwächeren ziehen. Nur der Mensch hetzt die Tiere unerbittlich in den Tod.

Ein Zoo hat seinen eigenen Reiz. Früher (425

n. Chr. öffentlicher Tierpark in Konstantinopel, um 800 in Aachen, 1569 kaiserliche Menagerie in Wien) stellte man fremdländische, unbekannte Tiere zur Schau, die von fernen und gefährlichen Expeditionen mit nach Hause gebracht wurden. Heute ist das Aufgabengebiet des Zoos ein anderes geworden. Der Tiergarten dient vor allem dem Städter als Naherholungsort mit besonderem Flair exotischer Tiere. Streichel- und Haustierzoos ermöglichen den Kindern wenigstens hier das „Begreifen“ von Kuh, Ziege, Schaf und Kaninchen.

Eine viel wichtigere Aufgabe als das Zur-Schaustellen ist das Erhalten und Weiterziehen bedrohter Tierarten, die im günstigsten Fall wieder in die Lebensräume ihrer Vorfahren ausgesetzt werden. Dies ist ein sehr schwieriges und aufwendiges Unterfangen, da die Tiere langsam an die freie Wildbahn gewöhnt werden müssen. Der Luchs etwa wurde auf diese Weise in Österreich und Deutschland wieder angesiedelt.

Das Tier als Opfer der Forschung

Besonderes Interesse widmet die Forschung dem Tier. Tierversuchsgegner sind gegen jede Art von Tierversuchen. Dies mag dort kurzsichtig sein, wo Fortschritte der Medizin, wie etwa Operationsmethoden, erst durch Tierversuche möglich wurden. Andere Tierversuche dienen a la longue nicht dem

Allgemeinwohl, sondern befriedigen das Interesse der Forscher. Die Gesetze, die Tierversuche regeln sollen, sind so gestaltet, daß sie dem Menschen fast völlig freie Hand lassen: „Die Versuche sind auf das unerläßliche Maß zu beschränken. Schmerzen, Leiden oder Schäden dürfen dem Tier nur zugefügt werden, soweit sie für den verfolgten Zweck unvermeidlich sind ..." Durch die rasante Entwicklung der Biotechnologie und der Computerwissenschaft aber könnte ein beträchtlicher Teil der Tierversuche durch Experimentieren an Zellkulturen und Computersimulationen ersetzt werden.

Aber nicht nur Mediziner, Pharmakonzerne und Kosmetikfirmen bedienen sich des Tiers als Hilfsmittel für ihre Forschungsarbeiten. Auch die Wissenschafter der experimentellen Verhaltensforschung gingen und gehen möglicherweise nicht immer schonend mit ihren „Forschungsobjekten" um. Man entfernte etwa bestimmte Areale des Gehirns oder zerstörte sie durch Laserstrahl, um die Aufgabe bestimmter Hirnbezirke zu erforschen. Vivisektionen (medizinische Eingriffe am narkotisierten Tier) und Operationen ohne Betäubungen dienen der Erforschung des Schmerzempfindens von Tieren.

Nachgerade harmlos wirken dagegen die Experimente zum Nachweis der Lernfähigkeit bestimmter Tiere. Ratten, Mäuse, aber auch Schildkröten und Schnecken mußten immer wieder Labyrinthe durchlaufen, Tauben, Affen, Katzen oder Hunde wurden in sogenannte Problemboxen gesperrt, in denen sie durch Drücken bestimmter Hebel Futter oder Elektroschocks erhielten. Andere Tiere wieder wurden isoliert von Artgenossen in schalldichten Käfigen aufgezogen, um zu erforschen, welche Verhaltensweisen angeboren und welche erlernt sind. Denn lange Zeit galt das Hauptinteresse der Verhaltensforscher der Frage: Ist Verhalten angeboren oder wird es erworben, also erlernt?

Die Beziehungen zwischen Mensch und Tier sind vielfältig und gegensätzlich. Sie reichen vom Nahrungsmittel über verschiedene Tierprodukte (Gelee Royal, Lebertran) als Heilmittel, vom Objekt der Belustigung bis zum verdinglichten Forschungsobjekt, vom Jagdbehelf (Falken) zum Jagdobjekt. Der Mensch schmückt sich selbst (Pelzmantel) und sein Heim (Tierfell, Jagdtrophäe) mit erlegten Tieren. Das Tier ist dem Menschen Freund und Feind. Der Mensch züchtet und vermehrt Tiere, vernichtet und rottet andere aus.

Griechen als Väter der Verhaltensforschung

Die Beschäftigung mit dem Tier und das Interesse für das Tier haben eine lange Tradition. Die Auseinandersetzung mit der „Seele" der Tiere setzte aber erst mit fortschreitender Zivilisation ein, da der Mensch nun Zeit genug hatte, über das Tier nachzudenken und nicht mehr ständig ums Überleben kämpfte.

Bereits *Homer,* ein griechischer Epiker des 8. Jahrhunderts v. Chr., schrieb, daß aus dem toten Tier eine „Seele" entweiche. *Anaximander,* griechischer Naturphilosoph und Nachfolger von *Thales* von Milet (610—547 v. Chr.), betrachtete den Menschen als Abkömmling von Tieren, die ihm aber in vielen Beziehungen überlegen seien. Für den Philosophen *Herakleitos* von Ephesus (550—480 v. Chr.) war das Feuer das Urelement, und die feurige, menschliche Seele galt ihm als die höchste, tierische Seelen waren etwas „feuchter", niedriger. Herakleitos folgerte weiter, daß die Seelen Betrunkener denen von Tieren sehr ähnlich seien! *Sokrates* (470—399 v. Chr.), der wohl bekannteste unter den griechischen Philosophen, sah zwischen den geistig am tiefsten stehenden Menschen und den Tieren keinen großen Unterschied, nur die Sprache fehle dem Tier.

Platon (427—347 v. Chr.), Begründer der Logik und der Metaphysik, schreibt den Tieren die Fähigkeiten der Empfindung und Bewegung zu. Der Mensch unterscheide sich vom Tier durch seine

Vernunft, die Begierde allerdings teile er mit dem Tier. Höchste Bildung könne nach Platon den Menschen zum göttlichsten aller zahmen Tiere machen, schlechte Erziehung zum wildesten. „Und als Prometheus und Epimetheus alle Tierarten, jede nach seiner Art ausgestattet hatten, blieben dem Menschen nur noch die Weisheit, die er der Athene stehlen mußte, und das Feuer des Hephaistos."

Aristoteles gilt als der erste Naturforscher unter den griechischen Philosophen, der sehr genau beobachtete: Stuten erzeugen in der Brunftzeit andere Laute als sonst; Ameisen sind in ihrer Aktivitätsperiodik von Außenfaktoren abhängig; die Gesangsfähigkeit der Vögel ist keine Naturgabe, da von Eltern entfernte Jungvögel anders singen als die Alten.

Chrysippos (280—208 v. Chr.) billigt den Tieren zwar Vorstellungen, Triebe, Eindrücke und Gefühle zu, nicht aber Vernunft. Die Triebe sind dem Tier von Natur aus gegeben, sie bewirken das Streben nach Angenehmem und das Ausweichen vor Unangenehmem und Schädlichem. Die Leistungen der Tiere geschehen ohne jedes Verständnis, denn sie „wissen" von Geburt an, was sie brauchen. Diese Fähigkeiten führen zu gattungsspezifischen stereotypen Handlungen.

Theophrast (327—287 v. Chr.), Schüler des Aristoteles, vertrat modern anmutende Gedanken. Alle Tiere haben dieselbe Entstehungsweise wie der Mensch und alle Lebewesen sind einerlei Ursprungs. Den Antrieb des Verhaltens nannte er „instinctus".

Im Mittelalter beobachtete man Tiere zwar ziemlich genau, beschrieb deren Verhalten aber sehr „menschlich", wie ein Beispiel über den Luchs zeigt: „Und weil er nur seinem Willen folgt, leuchten seine Augen gleich Sternen in der Nacht."

Thomas v. *Aquino* (1225—1274), bedeutendster Philosoph und Theologe des Hochmittelalters, billigte dem Tier weder freien Willen noch Intelligenz zu. Es werde von „determinato naturae" gezwungen, Zweckmäßiges zu tun. Das Tier folge nur den sinnlichen Trieben und nicht den sinnlichen Erkenntnissen. Es gebe also eine unüberbrückbare Kluft zwischen Tieren und Menschen.

Moderner anmutende ethologische Gedanken äußerte J. C. *Skaliger* (15. Jh.): Die Instinkte für bestimmte Bewegungen reiften oft früher als die dafür vorgesehenen Organe, schon das ungehörnte Rind versuche zu stoßen. Skaliger widerlegte mit dieser Beobachtung schon damals die Lehrmeinung der späteren Zweckpsychologie.

H. S. *Reimarus* (1694—1768), deutscher Philosoph und Theologe, nimmt mit seinen Gedanken einiges der modernen Verhaltensforschung vorweg. „Die Triebe der Tiere dienen nur der eigenen Arterhaltung. Sie sind ihnen angeboren, da sie vollendet und ohne vorherige Erfahrung ausgeführt werden."

Im 19. Jahrhundert wurde die Naturphilosophie von der Naturforschung abgelöst, und damit der entscheidende Schritt zur Erkenntnis der Naturgesetze getan, Voreingenommenheit und dogmatische Vorstellungen wurden abgebaut.

Der französische Naturforscher Jean Baptiste de *Lamarck* (1744—1829) begründete die aufsehenerregende Philosophie über die Abstammung innerhalb der Tierwelt, in die er auch den Menschen miteinbezog. Er löste damit heftige wissenschaftliche Diskussionen aus.

Lamarck kann als Wegbereiter für den Darwinismus und die moderne Abstammungstheorie angesehen werden. Er lehrte, daß alle Lebenserscheinungen durch mechanische, chemische und physikalische Ursachen bedingt sind, alle geistigen Vorgänge sind Leistungen des Gehirns. Niedere Organismen zeigen nur Reizbarkeit, etwas höher entwickelte Tiere sind „empfindungsfähig", die am höchsten entwickelten haben „Existenzgefühle" und können denken.

Virey (1822) meinte, daß Vernunft und Instinkt in indirektem Verhältnis zueinander stehen: je weniger Fähigkeit zum Überlegen ein Organismus besitzt, desto stärker sind seine Instinkte. Der Mensch hat die meiste Vernunft und die schwächsten Instinkte.

Der britische Naturforscher Charles *Darwin* (1809—1882) faßte schließlich nach einer mehrjährigen Expedition durch Südamerika und den Stillen Ozean seine Erkenntnisse in dem Werk „Über den Ursprung der Arten durch natürliche Zuchtwahl" zusammen. Er nahm an, daß verwandte Instinkte ebenso einer Evolution unterliegen wie verwandte Arten. Auch geographisch getrennt lebende Arten weisen eine Reihe ähnlicher oder sogar gleicher Instinkte auf.

Um 1900 faßte der deutsche Biologe Jakob von *Uexküll* (1864–1944), Schöpfer der Umweltlehre und Mitbegründer der neueren vergleichenden Physiologie, die Situation der Tierforscher zusammen: „Für den Biologen gibt es keine Tierpsychologie."

Diese Meinung entspricht aber nicht der Realität. Die Tierpsychologie zeigt eine ziemlich lange, allerdings nicht lineare Entwicklung. Sie wird von zwei extremen Anschauungsweisen geprägt! Das eine Extrem ist der Cartesianismus, der auf René *Descartes* (1596–1650) zurückgeht und das Tier als Maschine betrachtet. Das andere beschreibt das Tier in übertriebener Vermenschlichung.

Die Schule der Zweckpsychologie (purposive psychology), vertreten von William *McDougall*, Edward Chase *Tolman* und Bierens de *Haan*, postulierte einen außernatürlichen Faktor, den Instinkt, zur Erklärung des Verhaltens von Tieren. Dieser Instinkt wurde als die treibende Kraft angesehen, die weder einer natürlichen Erklärung bedurfte noch ihr zugänglich war. Noch 1940 schrieb Bierens de Haan: „Wir betrachten den Instinkt, aber wir erklären ihn nicht." Dem Begriff Instinkt haftete immer wieder die Vorstellung der Unfehlbarkeit an. In allem, was Tiere tun, verfolgen sie einen bestimmten Zweck (purpose), und dieser ist von ihrem außernatürlichen und untrüglichen Instinkt gesetzt. Die Zweckpsychologen waren also der Meinung, der Instinkt sei angeboren und folglich jedes Verhalten unfehlbar, sie waren aber gute Tierkenner.

Gegen diese Erklärungsweise wandte sich die Schule des Behaviorismus (Behaviour = Verhalten); bekannte Vertreter sind die Amerikaner Edward L. *Thorndike* (1874—1949) und John *Watson* (1879—1958). Sie vertraten eine extreme Form der objektiven Psychologie und betrachteten das Experiment als einzig mögliche Wissensquelle. Jedes Verhalten von Tier und Mensch wurde durch „Reiz" und „Reaktion" erklärt. Da man aber nur bedingte Reaktionen, Wenn-dann-Ereignisse, im Experiment beobachten kann, führte dies zu der falschen Schlußfolgerung „Alles Verhalten ist erlernt" im Denken der Behavioristen. Da sich Behavioristen fast ausschließlich mit dem Tierexperiment beschäftigten, waren sie meist keine guten Tierkenner, und Tiere galten als „Reizbeantwortungsmaschinen".

Um die Jahrhundertwende, während der Psychologenstreit noch voll im Gange war, entdeckten der Amerikaner Charles Otis *Whitman* (1898) an Tauben und der deutsche Zoologe Oskar *Heinroth* (1911) an Enten unabhängig voneinander, daß es Bewegungsweisen gibt, die ebenso wie Körpermerkmale zur Bestimmung einer Tiergruppe herangezogen werden können. Man muß annehmen, daß bestimmte Verhaltensmuster ebenso wie morphologische Merkmale im Genom (Erbgut) verankert liegen und nicht erst erlernt werden müssen. Man kann daher von einer Entstehungsgleichheit, Homologisierbarkeit der Verhaltensweisen sprechen.

Diese Homologiesierbarkeit des Verhaltens stellt

den Ursprung der vergleichenden Verhaltensforschung, der Ethologie dar, die von Konrad *Lorenz*, dem österreichischen Zoologen und Mediziner, vertreten wurde. Er entdeckte, unabhängig von Heinroth und Whitman die Homologisierbarkeit der Bewegungen. Er setzte dem Psychologenstreit zwischen Behavioristen- und Purposivisten ein Ende, indem er die angeborenen Verhaltensweisen neu erklärte: Sie haben sich im Laufe der Stammesentwicklung gegenüber anderen durchgesetzt und werden an die Nachkommen weitergegeben.

Seit 1953 erarbeiteten Konrad Lorenz, Niko *Tinbergen* und Günter *Tembrock* wichtige Begriffe der modernen Ethologie, gestützt auf Erkenntnisse der Neurophysiologie und der Gehirnforschung. Grundlegende Erkenntnisse für die Ethologie gehen auch auf den deutschen Zoologen Erich v. *Holst* (1908—1962) zurück, der die „endogenen" Automatismen entdeckte und damit auch Leerlaufhandlungen erklären konnte.

Die moderne Ethologie beobachtet und beschreibt das Verhalten von Tieren beziehungsweise ganzer Tiergruppen (Populationen) in natürlicher Umgebung, beurteilt jede tierische Leistung im Gesamtgefüge des Aktionskatalogs einer Tierart und untersucht deren stammesgeschichtliche Bedingtheit.

Namhafte Erforscher des tierischen Verhaltens der Jetztzeit sind unter anderem die Meeresforscher Jacques Yves *Cousteau* (geb. 1910, Franzose) und Hans *Hass* (geb. 1910, Österreicher), der Deutsche Bernhard *Grzimek* (1909—1987, Zoodirektor, Afrikaforscher) und der Österreicher Antal *Festetics*. Um die Erforschung des menschlichen Verhaltens ist vor allem der Österreicher Irenäus *Eibl-Eibesfeldt* (geb. 1928) bemüht.

Tiere sind jene Organismen, die von ihrem Wesen her dem Menschen am ähnlichsten sind. Deshalb interessierten sich die Menschen, vor allem die Philosophen, schon immer sehr für Tiere, im besonderen für die höher entwickelten. Die Philosophen beschäftigte die Frage, was den Unterschied zwischen Mensch und Tier ausmache, die Naturforscher untersuchten die körperlichen und „geistigen" Ähnlichkeiten von Tier und Mensch. Lamarck und Darwin erkannten als erste, daß der Mensch auch nur ein Tier ist. In den Erkenntnissen Darwins wurzelt auch die moderne Ethologie, die von Lorenz begründet wurde. Lorenz definierte erstmals angeborenes Verhalten als stammesgeschichtlich erworben und beendete damit einen Jahrzehnte dauernden Streit verschiedener Psychologenschulen.

Wozu Verhaltensforschung

Die vergleichende Verhaltensforschung ist ein Zweig der Zoologie, der vom Österreicher Konrad Lorenz begründet wurde. Sie untersucht das Verhalten von Tieren und Tiergruppen in ihrer natürlichen Umgebung, erforscht die individuelle und stammesgeschichtliche Entwicklung der Verhaltensweisen und deren Funktion.

Die Aufgabe der Ethologie ist die Erforschung der unmittelbaren Grundlagen des Verhaltens, aber auch dessen stammesgeschichtliche Dimensionen, die durch den Selektionsdruck entstanden sind. Nur Tiere, die sich „angepaßt" verhalten, überleben und können ihre Erbinformation an Nachkommen weitergeben. Die moderne Ethologie beschäftigt sich also auch mit der Evolution, der stammesgeschichtlichen Entwicklung der Organismen. Ähnliche Verhaltensweisen, zum Beispiel bei der Balz, lassen Rückschlüsse auf Verwandtschaften zwischen Organismen zu. Oft ist die Ähnlichkeit des Verhaltens größer als die der Gestalt.

Verhalten ist die Wechselwirkung zwischen dem Organismus und seiner Umwelt. Die biologische Bedeutung des Verhaltens liegt in der Weitergabe der Erbanlagen, also in der erfolgreichen Fortpflanzung. Tiere, die ihre Verhaltensweisen nicht anpassen, sind vom Aussterben bedroht. Der Igel etwa schützt sich vor Feinden durch Zusammenrollen und nicht durch Flucht. Das Zusammenrollen schützt den Igel aber nicht davor, von einem Auto überfahren zu werden.

Eine Aufgabe der Ethologie ist daher die Erforschung der Zusammenhänge von Verhalten und Selektion. Andere sind die Erforschung optimaler Bedingungen für Zuchttiere oder die Wiedereinbürgerung bedrohter Tierarten in deren ursprünglichen Lebensraum. Der integrierte Pflanzenschutz gehört ebenfalls zu ihrem Aufgabenbereich.

Obwohl die Ethologie um größtmögliche Objektivität bemüht ist, kann sie nicht wie die klassische Physik die Vielfalt der Erscheinungen auf wenige Grundgesetze zurückführen. Lebewesen zeigen auf Grund ihrer speziellen Anpassungen an den Lebensraum unterschiedliche Organisationen, die nicht als allgemeingültige Gesetze formuliert werden können, da sie von vielen Parametern wie Feinden, Umwelt oder Krankheiten abhängen.

Verhaltensweisen sind nicht wie Organe oder der ganze Körper als Präparate fixierbar, sondern nur durch Ethogramme, Film- und Tonaufzeichnungen konservierbar. Ein Ethogramm oder Verhaltenskatalog beschreibt minutiös das Verhalten eines oder mehrerer Tiere und darf keine Interpretationen oder Erklärungen des Verfassers enthalten. Formulierungen wie etwa „das Tier freut sich, weil ...“ sind unzulässig. Um größtmögliche Objektivität zu erzielen, codiert man die Beobachtungen, zum Beispiel in Form bestimmter Meßdaten. Solcherart codierte Daten können aber nur von gut eingearbeiteten Spezialisten gelesen werden. Einfacher ist es meist, das Tier zu filmen. Aber auch Filmprotokolle sind nicht immer objektiv, da der Filmer nur das filmt, was ihm wichtig zu sein scheint. Relativ einfach ist es hingegen, die Gesänge von Vögeln aufzuzeichnen. Wenn der Vogel „reine" Töne produziert, kann sein Gesang in Notenschrift übertragen werden, oder man zeichnet die Frequenz der Töne (Sonogramm) auf.

Vor allem aber ist es wichtig, daß das beobachtete Tier gut beschrieben, besser noch konserviert oder fotografiert wird, sodaß andere Forscher Gattung und Art aufgrund der Beschreibung und des Objektes überprüfen können.

Die Ethologen bemühen sich, möglichst objektive Beschreibungen des natürlichen Verhaltens einzelner Tiere, ganzer Tiergruppen, der Beziehungen der Tiere zueinander und zu ihrer Umwelt unter Berücksichtigung der Stammesentwicklung und des Selektionsdrucks zu geben. Erkenntnisse der Ethologen finden unter anderem Anwendung in der Tierhaltung und im integrierten Pflanzenschutz.

Zum Überleben verurteilt

Ererbtes Verhalten wurde im Laufe der Stammesentwicklung (Phylogenese) erworben und im Erbgut als Artgedächtnis manifestiert. Es ist von individuellen Erfahrungen unabhängig und bietet daher den Vorteil der sofortigen Handlungsbereitschaft. Das angeborene Verhaltensrepertoire wird fast immer durch Erlerntes ergänzt oder überlagert. Ererbtes Verhalten ist vor allem dort anzutreffen, wo schon beim ersten Mal richtig gehandelt werden muß.

Zur Erklärung des stammesgeschichtlichen Lernens, des Artgedächtnisses, eignet sich am besten ein Beispiel: ein im April geborener Feldhamster lebt ab Juli bereits selbständig ohne Mutter oder andere Artgenossen. Obwohl Anfang August vom Winter noch nichts zu spüren ist, legt er einen Nahrungsvorrat in einer tiefen Sammelkammer an, die der Bodenfrost nicht erreichen wird. Da dieser Hamster aber weder Erfahrungen mit Kälte noch mit Nahrungsmangel gemacht hat und auch keine Informationen von Artgenossen erhält, muß sein scheinbar einsichtiges Handeln eine angeborene Verhaltensweise sein. Vorteilhaftes Verhalten wurde im Laufe der Stammesentwicklung im Erbmaterial fixiert.

Die Lebensdauer mancher Organismen würde gar nicht ausreichen, alle lebensnotwendigen Verhaltensweisen wie Nestbauen, Flüchten oder Balzen zu erlernen. Tiere mit vorteilhaften Verhaltensweisen setzen sich gegenüber anderen durch und geben ihre Erbanlagen weiter. Stammesgeschichtlich entstandene Verhaltensweisen werden von allen Tieren einer Art unabhängig von eigenen Erfahrungen ausgeführt („Artgedächtnis").

Wer steuert das Tier?

1. Der Reflex: Nach der klassischen Reflexlehre ist ein Reflex die unwillkürliche, automatisch ablaufende Antwort auf Umweltänderungen, die auf den Organismus einwirken. Jeder Reflex wird durch erblich festgelegte, „unbedingte" Reize ausgelöst. Die Antwort auf solche Reize sind Reflexbewegungen eines Muskels, einer Gliedmaße oder die Sekretabsonderung einer Drüse.

Reflexe sind stereotype Reaktionen auf Außenreize. Die dabei auftretende nervöse Erregung durchläuft in einer fest vorgeschriebenen Bahn den Reflexbogen. Der Reiz wird über eine Sinneszelle oder ein Sinnesorgan aufgenommen und in Nervenerregung umgesetzt. Über zuführende, afferente Nerven gelangt die Erregung in das Reflexzentrum, das entweder aus einer einfachen Kontaktstelle zwischen Nervenzellen (Synapse) oder aus einem komplizierten System von Nervenzellen mit vielen Synapsen besteht. Vom Zentrum wegführende, efferente Fasern leiten die Erregung zu den Erfolgsorganen, entweder Muskeln oder Drüsen.

Wenn ein Reiz-Reaktions-Vorgang im Sinne der alten Reflexlehre (die besagte, daß sich das gesamte Verhalten aus Reflexen zusammensetzt) das wesentliche Element des Verhaltens wäre, so müßte ein Organismus im reizarmen Raum zum Stillstand kommen und bis zum Eintreffen eines Reizes darin verharren. Es gibt aber nur sehr wenige Tiere, die gelegentlich in eine solche Bewegungslosigkeit (Akinese), verfallen. Die Larve des Ameisenlöwen, manche räuberische Grundfische beim Lauern auf Beute zeigen eine derartige Bewegungslosigkeit. Für die meisten freibeweglichen Tiere aber gilt der Satz von William McDougall (1871—1938), einem englischen Wissenschafter und Arzt: „Das gesunde Tier ist voll Unternehmungslust!"

Unbedingte Reflexe sind meist sehr einfache Verhaltensformen, die immer gleich und stereotyp ablaufen. Das Verhalten niederer Organismen setzt sich vorwiegend aus Reflexen zusammen. Für den Ablauf eines unbedingten Reflexes ist die innere Gestimmtheit, die Motivation, unbedeutend. Er läuft immer dann ab, wenn der auslösende Reiz auftritt.

Auch das Verhaltensrepertoire eines menschlichen Neugeborenen besteht kurz nach der Geburt großteils aus Reflexen: Atmen, Schlucken, Saugen und Klammern müssen nicht erst erlernt werden.

2. Reflexähnliche Bewegungen: Reflexähnliche Bewegungen sind zwar erlernt, werden aber im Kleinhirn gespeichert und nicht wie andere Lerninhalte in der Großhirnrinde. Angelernte Verhaltensweisen werden erst durch Üben zu reflexähnlichen

Bewegungen, wie zum Beispiel Gehen, Radfahren, Schifahren, Stiegensteigen oder Schreiben.

3. Automatismen: Lange Zeit meinte man, die aktive Fortbewegung (Lokomotionsbewegungen) beruhe auf Kettenreflexen, also einer Abfolge von Reflexen. Durch Versuche, bei denen Fischen wichtige Nervenstränge teilweise durchtrennt worden waren, konnte Erich v. Holst (1938) nachweisen, daß die rhythmischen Bewegungen der Flossen nicht ständig von Reizen aktiviert und vom Gehirn aus gesteuert werden, sondern auf rhythmisch-automatischen Erregungsbildungen in Automatiezentren beruhen.

Die Koordination der Bewegungen durch Automatismen ist eine wichtige Voraussetzung für die Ausbildung von Gangarten bei Tieren. Automatismen sind weit verbreitet und konnten für verschiedene Aktivitäten wie Herzschlag, Schwimmen, Laufen oder Atmen bei unterschiedlichen Tiergruppen nachgewiesen werden.

Denkt die Spinne beim Netzbau?

Eine Kreuzspinne baut ihr kunstvolles Netz, indem sie in ganz bestimmter Abfolge Fäden zieht, bis letztlich das radförmige Spinnennetz entstanden ist. Ihre Vorgangsweise scheint zielgerichtet und einsichtig zu sein. Der Schein trügt. Zerstört man einen Teil des Netzes, so spinnt die Spinne unvermindert weiter, als wäre nichts geschehen. Sie repariert den zerstörten Teil des Netzes nicht. Warum? Weil das Netzspinnen eine Instinkthandlung ist, die durch einen Schlüsselreiz ausgelöst wird und dann stereotyp, ohne Unterbrechung und arttypisch abläuft.

Nikolaas von Tinbergen (geb. 1907), der niederländische Verhaltensforscher, der den Nobelpreis 1973 gemeinsam mit Konrad Lorenz und Karl von Frisch erhielt, definiert den Instinkt als einen „hierarchisch organisierten, nervösen Mechanismus, der auf bestimmte auslösende und richtende Impulse, sowohl innere als auch äußere, anspricht und sie mit wohlkoordinierten, lebens- und arterhaltenden Bewegungen beantwortet".

Th. H. *Bullock* beschreibt um 1953 die Merkmale einer Instinktbewegung folgendermaßen: sie ist erblich (genetisch) bedingt, während des Ablaufs durch Außenreize unbeeinflußbar und nur durch bestimmte Außenreize auslösbar.

Beim Analysieren von Verhaltensweisen bestimmter Tierarten beobachtet man immer wieder streng artspezifische, starre Bewegungsfolgen, die Konrad Lorenz Erbkoordinationen oder Instinktbewegungen nannte. Instinktbewegungen sind nicht exakt definierbar, aber durch folgende Kriterien zu charakterisieren:

Am Beginn jeder Instinkthandlung steht die Suche nach einer reizbietenden Situation, das sogenannte ungerichtete Appetenzverhalten. Dieses Appetenzverhalten tritt bei hinreichend starker Motivation, also bei entsprechendem Stau der aktionsspezifischen Energie, spontan auf. Der spezifische Außenreiz, der Schlüsselreiz, löst die gerichtete Appetenz aus, die zur instinktiven Endhandlung, zur Instinktbewegung führt.

Eine Katze etwa streunt ziellos über ein Feld und hält nach einem Beutetier Ausschau (ungerichtete Appetenz). Entdeckt sie eine Maus, nähert sie sich der Beute sehr gezielt (gerichtete Appetenz). Nach dem Belauern erfolgt das Ergreifen der Maus, das Totbeißen und Verzehren (instinktive oder triebbefriedigende Endhandlung).

Instinktbewegungen werden entweder direkt von einem Reiz ausgelöst und laufen dann stereotyp ab. Oder ein Reiz löst eine Bewegung aus, die das Tier in die nächste reizbietende Situation bringt. Das Verhalten setzt sich dann aus Teilbewegungen zusammen, die jeweils von einem neuen Reiz ausgelöst werden.

Die Antriebsenergie für die Instinktbewegung oder -handlung wird offensichtlich nicht durch äußere Einflüsse erzeugt, sondern im Tier selbst (endogen). Wenn die spezifische Energieart für eine bestimmte Bewegungsweise ansteigt, kann man auch unvollständige oder in abgeschwächter Form ablaufende Instinktbewegungen beobachten. Man bezeichnet sie nach Oskar Heinroth als Intentionsbewegungen. Diese sind in Form, Intensität oder Frequenz unvollständige Bewegungen, die anzeigen, was das Tier zu tun beabsichtigt. Solche Intentionsbewegungen treten häufig in Konfliktsituationen auf.

Ein Greifvogel oder Reiher, in dem die Motivation zum Fortfliegen aufzusteigen beginnt, macht zielende Kopfbewegungen, tritt auf seiner Unterlage, duckt sich zum Absprung, lüftet die Flügel, fliegt aber nicht weg.

Alfred *Seitz* entdeckte als erster Physiologe ein konstantes Verhältnis von Reizstärke und Reaktionsintensität durch Versuche mit Attrappen. So genügt bei hoher Bereitschaft ein schwacher Außenreiz, im Versuch eine merkmalsarme Attrappe (etwa nur die Körperform ohne Details), um eine Instinktbewegung auszulösen. Bei schwacher innerer Bereitschaft kann nur ein starker Außenreiz (überoptimale Attrappe, bei der das reaktionsauslösende Merkmal besonders stark ausgebildet ist oder die extreme Größe hat) die Instinktbewegung auslösen. Durch Attrappenversuche konnte nachgewiesen werden, daß die Wirksamkeit einer Attrappe der Summe der Wirkungen der in ihr verwirklichten Merkmale entspricht.

Nach jedem Ablauf einer bestimmten Instinktbewegung sinkt die spezifische Aktionsenergie und damit auch die Bereitschaft des Tieres, dieselbe Bewegung nochmals durchzuführen. Nur ein ziemlich starker Reiz kann jetzt das neuerliche Ablaufen derselben Instinktbewegung auslösen. Der Schwellenwert des auslösenden Reizes ist erhöht, das Tier ermüdet. Wenn ein Tier satt ist, kann es auch durch die feinsten Leckerbissen nicht mehr zum Fressen motiviert werden. Diese aktionsspezifische Ermüdbarkeit steht aber nicht im Zusammenhang mit einer allgemeinen Ermüdung des Gesamtorganismus.

Lokomotionsbewegungen laufen fast ohne Ermüdung ab. Bei Haien kann man das Schwimmen der Atembewegung gleichsetzen. Durch die ständige Bewegung durchströmt das Wasser unaufhörlich die Kiemen und versorgt das Tier mit Sauerstoff. Nicht zu schwimmen wäre für Haie tödlich, sie würden ersticken. Das Schwimmen muß daher ohne Ermüdung ablaufen. Es erscheint auch sinnvoll, daß die Lokomotionsbewegungen der Flucht kaum ermüdend sind und absoluten Vorrang vor allen anderen Interessen haben.

Wird einem Tier der auslösende Reiz für eine bestimmte Instinktbewegung längere Zeit vorenthalten, staut sich die aktionsspezifische Energie derart, daß die Bewegungsweise auch ohne entsprechenden Reiz abläuft. Die Energie fließt als Leerlaufaktivität ab.

Konrad Lorenz beobachtete einen in seinem Zimmer lebenden Star. Obwohl kein Insekt im Raum war, zeigte der Star den vollständigen Ablauf des Insektenfang-Verhaltens. Er fixierte die Beute, flog ihr nach, schnappte und tötete sie und beendete die gesamte Handlung mit dem Gefiederschütteln. Lorenz bezeichnete dies als Leerlauf.

Wird eine Instinktbewegung länger nicht ausgeführt, sinkt der Schwellenwert des auslösenden Reizes so weit, daß eine Reaktion auch von unpassenden, inadäquaten Ersatzobjekten ausgelöst werden kann. Der Organismus gibt sich auch mit weniger befriedigenden Objekten zufrieden. Hungrige Füchse bejagen Kröten oder Käfer, in der Wohnung gehaltene Katzen Wollknäuel, in Gefangenschaft lebende, von arteigenen Weibchen isolierte

Stieglitzmännchen verpaaren sich mit Kanarienvogelweibchen. Der Volksmund bestätigt quasi die Wissenschaft: „In der Not frißt der Teufel Fliegen!"

An freilebenden Wildgänsen beobachteten Lorenz und seine Mitarbeiter, wie eine im Wind fliegende Flaumfeder die Flucht einer ganzen Gänseschar bewirkte. Ein anderes Mal konnte selbst eine überoptimale, extrem große oder deutliche Merkmale zeigende Raubvogelattrappe weder Warnen noch Flucht bei der Gänseschar auslösen. Im ersten Fall hatte sich bei den Gänsen durch längeren Nichtgebrauch „Fluchtenergie" aufgestaut, und die kleine Flaumfeder löste bereits Flucht aus. Im anderen Fall war die aufgestaute Energie so gering, daß das Fluchtverhalten nicht ausgelöst werden konnte.

Instinktbewegungen (Erbkoordinationen) verlaufen zumeist erst dann sinnvoll und situationsgemäß, wenn sie durch Orientierungsbewegungen (Taxien) überlagert oder ergänzt werden. Dieses Zusammenwirken von Instinktbewegung und Taxis bezeichneten Konrad Lorenz und Nikolaas Tinbergen als Instinkthandlung.

Rollt eine Graugans ein außerhalb ihres Nestes liegendes Ei wieder ins Netz zurück, so setzt sich diese Bewegung aus der Erbkoordination, dem Eirollen, und der Taxis, der pendelnden Halsbewegung, zusammen. Nimmt man der Gans nun das Ei weg, so läuft die Eirollbewegung starr ins Leere ab, die zielgerichteten Balancebewegungen des Halses aber fallen weg.

Man könnte das Zusammenwirken von Erbkoordination und Taxis auch mit einem Fahrzeug vergleichen, wobei die Erbkoordination dem Motor entspräche, der, einmal auf Touren gekommen, unbeeinflußt läuft, während die Taxis dem Steuermechanismus, der auf jeden Impuls mit Richtungsänderungen reagiert, gleichzusetzen wäre.

Nur Schlüssel, die ins Schloß passen, sperren

Eine hungrige Zecke läßt sich bei Temperaturänderung und Buttersäuregeruch von ihrem erhöhten Standort (Baum) fallen. Fällt die Zecke auf das Haarkleid eines Säugers, etwa eines Menschen, von dem die Reize ausgingen, wirkt das Haar als weiterer Reiz, der das Suchen nach einer haarlosen Stelle auslöst. Ist eine haarlose Stelle gefunden, beginnt die Zecke mit dem Blutsaugen.

Diese Art der „Reizerkennung" nennt die vergleichende Verhaltensforschung „Angeborenen Auslösemechanismus" (AAM). Der AAM ist die angeborene Bereitschaft eines Tieres, auf einen bestimmten Reiz, den Schlüsselreiz, mit einer bestimmten Reaktion zu antworten. Der AAM wirkt als „Reizfilter" und verhindert eine Reizüberflutung des Gehirns.

Schlüsselreize und AAM passen zusammen wie Schlüssel und Schloß (Lorenz). Der Schlüsselreiz ist ein Reiz, der über den angeborenen Auslösemechanismus eine Instinkthandlung auslöst. Welche

Merkmale des Objektes relevant sind, kann in Attrappenversuchen nachgewiesen werden.

Jakob v. Uexküll, Konrad Lorenz und Nikolaas Tinbergen entdeckten, daß bestimmte Verhaltensweisen durch Attrappen auslösbar sind. Durch solche Attrappenversuche konnte man nachweisen, daß oft nur ganz spezifische Teile einer Bewegung oder ein besonderes Merkmal eines Tieres als Schlüsselreiz wirken und eine Reaktion auslösen.

Schlüsselreize können optische (Farbmuster), akustische (bestimmter Gesang, Lockruf), elektrische oder olfaktorische (Duft, Sexuallockstoff) sein. Sie treten in der Natur unverwechselbar auf, um „falsche" Reaktionen zu verhindern.

Schlüsselreize sind also solche Reize, an die sich ein Empfänger im Laufe der Evolution einseitig angepaßt hat. Haben sich Sender und Empfänger wechselseitig an einen Reiz angepaßt, bezeichnet man den Reiz als Auslöser. Er dient der Kommunikation von Artgenossen, dem Anlocken von Partnern oder Beutetieren, wirkt fluchtauslösend auf Feinde.

Die Augenzeichnungen auf Schmetterlingsflügeln lösen bei Vögeln, den Freßfeinden der Schmetterlinge, Flucht aus. Sie sehen den Augen von Säugern, wie Katze oder Marder, sehr ähnlich, und diese wiederum sind Feinde der Vögel.

Der AAM weist allerdings einige Schwächen auf. Bisweilen führt die Einfachheit und Informationsarmut des AAM zu Täuschungen, sodaß etwa Gänse glatte Kieselsteine bebrüten, die ihren Eiern ähnlich sehen, oder vor einem im Wind segelnden Blatt

(Adler!) fliehen. Außerdem enthält der AAM nur Informationen über Größenverhältnisse, nicht aber über tatsächliche Größen. So konnte man beobachten, daß Tiere im Versuch immer wieder „überoptimalen Attrappen" den Vorzug gaben.

Auch in der Natur gibt es überoptimale Reize, die ihre Wirkung nicht verfehlen. Der Kuckuck, ein Brutschmarotzer, legt seine Eier in fremde Nester und läßt sie von „Zieheltern" ausbrüten. Der geschlüpfte Kuckuck löst bei den Elternvögeln sofort das Füttern aus, weil er größer ist als seine Nestkollegen. Interessanterweise wirkt seine Größe auch auf die gleichaltrigen Nestkollegen handlungsauslösend. Da das Kuckucksjunge oft auf Kosten der restlichen Brut versorgt wird, bemerkte Oskar Heinroth dazu: „Das Füttern eines jungen Kuckucks ist das Laster der Vögel!"

Auch beim Menschen gibt es angeborene Auslösemechanismen, die auf überoptimale Schlüsselreize ansprechen. Organismen mit hoher, runder Stirn, großem Hirnschädel und kleinem Gesicht, großen Augen, kleiner Nase, runder Wangenpartie, kurzen dicken Extremitäten, rundlicher Körperform und einer gewissen Tolpatschigkeit lösen beim Menschen Brutpflegereaktionen aus. Lorenz faßte die genannten Merkmale als „Kindchenschema" zusammen.

Im Tierreich hat der angeborene Auslösemechanismus zur besonderen Ausbildung und Nachahmung von Schlüsselreizen geführt:

Die nordamerikanische Geierschildkröte etwa hat an ihrer Zungenspitze fadenförmige, rote Fortsätze, die sich wie kleine Würmer bewegen. Diese „Würmer“ locken Fische an, die nach der vermeintlichen Beute schnappen und dabei selbst gefressen werden. Die Schildkröte ahmt also einen auslösenden Reiz, den Wurm, nach.

Werden wie im oben genannten Beispiel andere Tiere nachgeahmt, so spricht man von „Mimikry“. Bekannt sind jene völlig harmlosen Tiere, die zum eigenen Schutz das Aussehen gefährlicher oder giftiger Arten annehmen. Ungiftige Schmetterlinge sehen aus wie giftige, Hornissenschwärmer imitieren gefährliche Hornissen. Beide entgehen so ihren Feinden.

Spricht ein Organismus auf eine nur grob nachgeahmte Attrappe an, so ist ein angeborener Auslösemechanismus dafür verantwortlich. Muß dagegen eine biologische Situation genau simuliert werden, handelt es sich um die erlernte Wahrnehmung einer komplexen Gestalt.

Der AAM kann durch Hinzulernen von weiteren, für die auslösende Reizkonfiguration kennzeichnenden Merkmalen selektiver gemacht werden. Man spricht dann von einem durch Erfahrung ergänzten angeborenen Auslösemechanismus (EAAM). Dieser EAAM ist bei fast allen Wirbeltieren zu beobachten, während der AAM ohne Erweiterung vor allem bei Wirbellosen — etwa Insekten und Spinnen — beobachtet wird.

Außer dem AAM und dem EAAM gibt es noch den erworbenen Auslösemechanismus (EAM), der durch Lernerfahrungen zu völlig neuen Reiz-Reaktions-Verknüpfungen führt. Lachmöwen fliegen mit charakteristischem Ruf auf, sobald sich in der Nähe ein Fenster öffnet. Sie haben gelernt, daß es dort Futter für sie gibt. Der erworbene Auslösemechanismus ist auch für den Menschen von größter Bedeutung. Der Mensch muß möglichst schnell lernen, auf diverse Verkehrszeichen zu reagieren, bestimmte Geräusche im Straßenverkehr richtig zu interpretieren usw.

Warum Hund und Katze sich nicht vertragen

Begegnet man einem Hund, so weiß man mit ziemlicher Sicherheit, ob er einen freundlich begrüßt oder als unliebsamen Eindringling in sein Revier betrachtet. Fühlt er sich durch den Menschen bedroht, stellt er die Nackenhaare auf, zieht die Lefzen zurück und entblößt die Zähne.

Derartige Verhaltensweisen dienen der Koordination des sozialen Verhaltens und der Verständigung mit Artgenossen. Daher verhalten sich auch manche Tiere „wie Hund und Katze", weil sie andere „Sprachen" sprechen. Was für den einen als freundliche Geste gilt, heißt für den anderen Bedrohung!

Verhaltensweisen mit Signalfunktion nennt man Ausdrucksbewegungen. Sie sind angeboren oder erlernt und können sich aus unterschiedlichen Verhaltenskomponenten entwickeln. Drohbewegungen wie das Öffnen des Mauls gehen oft einem Angriff voraus. Daraus hat sich das Zähnefletschen der Säuger entwickelt. Viele Drohgebärden haben sich aus Angriffsbewegungen entwickelt, wobei die Bewegung meist zu einer „Stellung“ eingefroren ist. Oft stehen auch Formen, Farben, Duftstoffe und Lautäußerungen im Dienste der besseren Verständigung.

Jede Veränderung einer Verhaltensweise, die im Dienste der Signalfunktion stattfindet, wird nach dem britischen Zoologen Julien *Huxley* (1887—1975) als Ritualisierung bezeichnet. Die Veränderung kann sowohl Sender als auch Empfänger betreffen.

Haushähne verwenden den Futterlockruf auch in der Balz. Der Hahn täuscht einen Futterfund vor und lockt damit die Hennen herbei, um sie dann anzubalzen.

Beim Menschen gibt es ebenfalls ritualisierte Verhaltensweisen wie etwa den Kuß, der sich aus dem Mund-zu-Mund-Füttern entwickelt hat. Das Hutlüften ist ein ritualisiertes Helmabnehmen, das Salutieren ein Visierhochklappen. Beides symbolisiert Vertrauen.

Gleiche Reize — unterschiedliche Reaktionen

Instinktbewegungen können durch gleiche Reize verschieden stark ausgelöst werden. Die Reaktionsstärke ist nicht nur vom Auslösereiz abhängig, sondern auch vom inneren Zustand des Tieres. Diesen inneren Zustand bezeichnet man als Handlungsbereitschaft oder Motivation. Synonym werden auch die Begriffe Trieb, Drang oder Stimmung verwendet.

Die Ursache der Motivation ist die aufgestaute aktionsspezifische Energie, die bei der Ausführung des bestimmten Verhaltens wieder verbraucht wird. Jeder Verhaltensweise ist eine Motivation zugeordnet, deren Stärke von verschiedenen Faktoren abhängig ist.

Die Motivation wird vom Reifezustand des Organismus, von verschiedenen Hormonen oder von inneren Sinnesreizen beeinflußt. So etwa bestimmen die Glucose-Kochsalz-Konzentrationen im Blut die Bereitschaft zur Nahrungs- und Flüssigkeitsaufnahme. Hormone spielen vor allem für die Motivation sexueller Verhaltensweisen wie Balz und Nestbau eine Rolle. Tageslänge und Hormone beeinflussen die jahreszeitlich gebundene Fortpflanzung.

Auch von der Vorgeschichte der Handlung und dem zeitlichen Abstand seit dem letzten Handlungsvollzug ist die Bereitschaft abhängig. Innere Rhythmen wie die Aktivitätsverteilung auf Nacht und Tag beeinflussen die Motivation ebenfalls.

Durch stammesgeschichtliche Anpassung verfügen Tiere über aufnehmende Organe, die es ihnen ermöglichen, auf Reize entsprechend zu reagieren. Diesen datenverarbeitenden Mechanismus bezeichnet man als angeborenen Auslösemechanismus, die ihn aktivierenden Reize als Schlüsselreize. Instinkthandlungen werden von Schlüsselreizen ausgelöst und setzen sich aus Instinktbewegung und Orientierungsbewegung zusammen. Eine begonnene Instinktbewegung läuft auch nach dem Wegfallen des Schlüsselreizes stereotyp und artspezifisch ab. Instinkthandlungen werden nicht erlernt und ohne jede Einsicht in die Situation ausgeführt. Bei aufgestauter Energie können Bewegungen auch ohne auslösenden Reiz als Leerlaufaktivität ablaufen.

Die Hierarchie der Instinkte

Im Zentralnervensystem jedes höheren Organismus ist eine Vielzahl von Verhaltensweisen programmiert. Ihre Funktion setzt eine bestimmte Ordnung voraus. Um eine biologisch sinnvolle Abfolge einzelner Verhaltensweisen zu ermöglichen, gibt es Zentren, die einander hemmen oder die funktionell zusammengehören. Sie werden ihrerseits von übergeordneten Zentren (nach hierarchischer Ordnung) gesteuert.

Bei einem kampfgestimmten Tier sind Verhaltensweisen wie Drohen, Beißen und Angreifen leichter auszulösen als bei einem freßgestimmten Tier. Nestbau und Fressen sind bei einem kampfgestimmten Tier zu dieser Zeit überhaupt nicht auslösbar. Daraus kann man schließen, daß die Verhaltensweisen nach Gruppen von übergeordneten koordinierenden Instanzen abhängen, die einander in bestimmter Weise beeinflussen.

Verhaltensweisen von Tieren treten in einer bestimmten Reihenfolge auf und setzen sich aus Einzelbewegungen zusammen, die ihren festen Platz im Gesamtablauf haben. Jede Einzelbewegung besteht ihrerseits aus einer festgelegten Abfolge von Muskelbewegungen.

Die Ordnung besteht sowohl in einem zeitlichen Nacheinander als auch einem zeitlichen Nebeneinander. Bestimmte Verhaltensweisen können einander ziemlich eindeutig zugeordnet werden, während andere einander gänzlich ausschließen.

Hierarchie der Instinktzentren

Tinbergen entwickelte das Modell der Zentrenhierarchie aufgrund genauer Beobachtungen des Fortpflanzungsverhaltens des Stichlings (Knochenfisch in Küsten- und Binnengewässern): Das Hormon Testosteron, die zunehmende Tageslänge und die steigende Wassertemperatur im Frühjahr aktivieren das Wanderzentrum. Männliche Stichlinge suchen in Schwärmen seichtes Wasser auf. Anschließend sucht jedes einzelne Männchen ein geeignetes Revier zum Nestbau. Erst wenn dieses mit Pflanzen bewachsene Revier besetzt wurde, legt das Männchen das typische Prachtkleid mit dem roten Bauch an und wird für neue Reize (Rivale, Weibchen, Nestmaterial) empfänglich. Welche Verhaltensweise letztlich ausgeführt wird, hängt vom auslösenden Reiz ab. Die Bereitschaft ist für alle Verhaltensweisen gleichermaßen vorhanden.

Der für die Fortpflanzung des Stichlings zuständige Instinkt höchster Ordnung, der Wandertrieb, wird nur durch das Hormon Testosteron ausgelöst. Das Männchen wandert so lange, bis es die entsprechenden Schlüsselreize durch seichtes Wasser und Grünpflanzen aus dem Biotop empfängt. Diese entblocken einen angeborenen Auslösemechanismus (AAM), der die Instinkthandlung niederer Ordnung, das Revierverhalten, freigibt. In weiterer Folge fließen die Impulse zu den untergeordneten

Zentren der Brutpflege, des Balzens und des Kämpfens ab, die allerdings bis zum Eintreffen eines entsprechenden Schlüsselreizes blockiert bleiben.

Die gegenseitige Hemmung der Zentren einer Stufe bewirkt, daß jeweils nur eines die ihm untergeordneten Zentren aktivieren kann. Das Prinzip der gegenseitigen Hemmung gilt nicht für jene Zentren der Endhandlung, da sich die Handlungen nur teilweise ausschließen, wie Imponieren und Flucht, oder aber gemeinsam ablaufen, wie Biß und Verfolgung. Die Hierarchie setzt sich auch im neurophysiologischen Bereich fort, wo gegenseitige Hemmungen ebenfalls fehlen.

G. P. *Baerends* modifizierte das Modell von Tinbergen, indem er mehrere Zentren höherer Ordnung annahm und diese als Funktionskreise bezeichnete. Die lineare Folge der Zentren ist teilweise gelockert und ein Überspringen einzelner Stufen möglich. Außerdem löst eine bestimmte Reizsituation nicht immer dieselbe Endhandlung aus. Es ist vielmehr auch die Stimmung des Tieres für die Endhandlung verantwortlich. Man bezeichnet das Baerends-Modell daher auch als Modell der Stimmungshierarchie. Zahlreiche Verhaltensweisen unterliegen nicht nur *einem* übergeordneten Zentrum, sondern sind von verschiedenen Zentren auslösbar (etwa Lokomotionsbewegungen).

Paul *Leyhausen* erstellte ein Modell der relativen Stimmungshierarchie, in dem es keine lineare Rangordnung von Stimmungen gibt. In diesem Modell gilt nur die Appetenz zur Endhandlung als entscheidender Faktor. Es gibt kein Oberzentrum, sondern das jeweils am stärksten motivierte Zentrum unterdrückt die übrigen oder stellt sie als Appetenzen in seinen Dienst. An Katzen konnte Leyhausen nachweisen, daß die Beute, eine Maus, je nach Motivation ein Objekt zum Belauern, zum Fressen, zum Fangen, zum Beschleichen oder zum Töten ist.

Diese beobachtete Ordnung entspricht einer Ordnung im Zentralnervensystem, die auch an Tieren mit teilweise zerstörten Gehirnen nachgewiesen wurde. So gelang eine relativ grobe Zuordnung bestimmter Verhaltensweisen zu bestimmten Gehirnabschnitten. Neue Impulse wurden durch Walter R. *Hess* gesetzt: Er ermittelte durch direkte Hirnreizung verschiedene Reizpunkte im Gehirn, wodurch eine genauere Zuordnung von Verhaltensweise und Gehirnabschnitt möglich wurde.

Vogel-Strauß-Politik

Wirken zwei gleich starke Motivationen auf ein Tier oder einen Menschen, so führt dies entweder zu Überlagerungen der Instinkthandlungen, dem alternierenden Ablaufen oder dem Unterdrücken der motivierten Handlungen.

Die Lösung einer Konfliktsituation kann durch unterschiedliche Übersprungshandlungen erfolgen. Beim Hahnenkampf werden in Angriffsstimmung versetzte Kampfhähne aufeinander losgelassen. Kurzfristig sind Angriffs- und Fluchtverhalten gleichermaßen motiviert. Die Tiere sind in einer Konfliktsituation und lösen diese durch das sogenannte Übersprungs-Picken (Picken nach nicht vorhandenen Körnern auf dem Boden). Ein Verhalten, das absolut nicht zur Situation paßt.

Stehen Silbermöwen im Konflikt zwischen Brüten und Flucht, so erfolgt bei überwiegendem Fluchttrieb Übersprungs-Putzen, bei überwiegendem Bruttrieb Übersprungs-Nestbau. Kormorane bebrüten in Kampfpausen nicht vorhandene Eier (Scheinbrüten), in Konflikt geratene Säbelschnäbler stecken den Schnabel zwischen das Gefieder und nehmen ihre Schlafstellung ein. Auch dem Vogel Strauß wird ein eigenartiges Übersprungsverhalten nachgesagt: er soll in Konfliktsituationen den Kopf in den Sand stecken. Dieses Verhalten hat sich in der Umgangssprache als „Vogel-Strauß-Politik" etabliert.

Auch beim Menschen sind derartige Übersprungshandlungen bekannt. In Konfliktsituationen, wie im Wartezimmer des Zahnarztes oder vor Prüfungen, konkurrieren Flucht und Angriff. Viele Menschen lösen den Konflikt durch eigenartige, unpassende Bewegungen. Das Nesteln an der Krawatte oder der Halskette, das ständige Betätigen des Kugelschreiberdruckknopfes, das Bartstreichen (auch wenn keiner vorhanden ist), das Gähnen und vor allem das Zigarettenanzünden-Ausdämpfen-Nächsteanzünden sind einige Beispiele menschlicher Übersprungshandlungen. „Sie entstammen dem Bereich der Körperpflege, der Nahrungsaufnahme und des Schlafverhaltens." (Eibl-Eibesfeldt)

Wird eine Handlung zu schnell beendet, sodaß noch aktionsspezifische Energie übrigbleibt, kann diese in einer Übersprungshandlung abreagiert werden, etwa bei Paarungsnachspielen.

Bestimmte Verhaltensweisen laufen in einer bestimmten Ordnung ab. Auch die Handlungsbereitschaften dieser Verhaltensweisen können nur in einer bestimmten Reihenfolge motiviert werden. Bestimmte Handlungen werden also durch Zentren höherer Ordnung blockiert oder aktiviert. Instinkthandlungen einer Organisationsstufe können einander hemmen oder in kurzer Abfolge nacheinander ablaufen. Werden zwei Zentren der gleichen Organisationsstufe gleich stark motiviert, reagiert das Tier mit einer Übersprungshandlung, einem Verhalten, das in der Situation unpassend erscheint und zu einem anderen auslösenden Reiz gehört.

Lernen — kein Privileg des Menschen

Erlerntes Verhalten wird im Laufe des individuellen Lebens durch verschiedene Erfahrungen erworben, im Zentralnervensystem gespeichert und ist für spätere Verhaltensweisen verfügbar. Bei fast allen Tieren erfolgt Lernen ohne Einsicht und Absicht. Lernen führt zu relativ überdauernden Änderungen der Verhaltensweisen. Im Gegensatz zum angeborenen Verhalten zeichnet sich das erworbene durch seine größere Flexibilität aus, hat aber den Nachteil der verzögerten Handlungsfähigkeit.

Lernvorgänge haben fast immer eine Verbesserung der zielführenden Wirkung des Verhaltens zur Folge. Es erhebt sich aber die Frage, „wie es das Lernen zuwege bringt", dem Organismus zweckmäßiges Verhalten anzudressieren und unzweckmäßiges abzugewöhnen.

Voraussetzungen für das Lernen sind ein Gedächtnis, also ein Informationsspeicher und eine gewisse Lernbegabung und Lernfähigkeit, die an das Gedächtnis gebunden ist und ein Verwerten der Erfahrungen möglich macht. Die meisten Lernvorgänge sind reversibel, das heißt, Gelerntes kann wieder vergessen werden.

Die Speicherung der Informationen erfolgt bei höherentwickelten Organismen in mehreren Phasen: Das Wissen über die genauen physiologischen Grundlagen der Speicherung ist noch immer unvollständig. Die Speicherung könnte auf Verformungen von Zellstrukturen, Änderungen an den

Schaltstellen zwischen Nervenzellen (Synapsen) und Änderungen innerhalb der Zellen beruhen. Eine Beteiligung der Ribonucleinsäure (RNA, Inhaltsstoff jeder Zelle; wichtig für den Eiweißaufbau und die Weitergabe von Erbinformationen) am Speicherprozeß gilt als ziemlich sicher, weil Lernleistungen immer mit erhöhter RNA-Synthese verknüpft sind. Eine Hemmung des RNA-Stoffwechsels hat eine Minderung der Lernfähigkeit zur Folge. Nach heutiger Meinung dürfte die RNA aber *nicht* Informationsträger sein.

Die unterschiedliche Lernfähigkeit der Tiere ist von der Entwicklungsstufe (z. B. Regenwurm, Schimpanse) der Art, der Umgebung und dem individuellen Alter des Tieres abhängig. Auch das Ausmaß der Angepaßtheit an die Umwelt ist von Bedeutung. Auf bestimmte Umweltbedingungen spezialisierte Organismen, sogenannte stenöke Arten, können mit Hilfe des angeborenen Auslösemechanismus und den dazugehörigen angeborenen Verhaltensweisen gut zurecht kommen. Sie werden durch die eher konstanten Umweltbedingungen nicht zum Lernen gezwungen. Euryöke Arten (etwa Ratten), die unterschiedlichste Lebensräume bewohnen, müssen flexibel und anpassungsfähig sein, um die wechselnden Bedingungen ihres Lebensraumes zu bewältigen. Für sie ist Überleben nur durch das Lernen neuer Verhaltensweisen möglich.

Sehr viele angeborene Verhaltensweisen werden durch Lernen erweitert oder sinnvoll ergänzt. Lernen führt immer zu Veränderungen des Verhaltens und befähigt den Organismus, situationsgemäß zu reagieren. Es ist aber nur möglich, wenn der Organismus auch die entsprechenden Anlagen dazu hat. Jedem Lernvorgang liegt ein stammesgeschichtlich programmierter Mechanismus zugrunde, der eine große Menge angeborener Information enthält.

Auf Donnern folgt Naßwerden

Nicht-assoziatives Lernen:

• *Bahnung:* Als die primitivste Form des Lernens kann man die „Verbesserung der Funktionen durch Funktionieren“ betrachten. Die Nervenleitung wird durch Veränderungen der Schaltstellen zwischen den Nerven verbessert. Derart „gebahnte“ Leitungen führen zu einem schnellen Ablaufen einer Handlung.

Bahnungen dürfen aber nicht mit Reifungsprozessen verwechselt werden, die vom Schweizer Neurophysiologen Walter R. Hess (1881—1973) am Pickverhalten von Hühnerküken beobachtet wurden. Er setzte frisch geschlüpften Haushuhnküken Prismenbrillen auf, sodaß die Hühnchen alles seitenverschoben sahen. Die Kontrollgruppe ohne Brille traf nach einigem Üben ziemlich genau die Körner und pickte sie auf. Die bebrillten Hühner dagegen pickten ständig, aber „punktgenau“ am Ziel vorbei. Die Streuung der Picker wurde zwar geringer, das Ziel aber regelmäßig verfehlt.

• *Sensitivierung:* Das Auslösen einer Verhaltensweise senkt den Schwellenwert des Schlüsselreizes und versetzt das Tier in einen Zustand erhöhter Wachsamkeit. Es erwartet eine baldige Wiederholung des auslösenden Reizes.

• *Reizgewöhnung* oder *afferente Drosselung:* Die Gewöhnung an einen Reiz ist ein Lernvorgang, der sich bei allen Tieren, egal ob hochentwickeltem Säugetier oder primitivem Einzeller, in ähnlicher Weise abspielt. Durch die Gewöhnung wird ein Tier bezüglich eines bestimmten Reizes unempfindlich und die Wirkung des Reizes wird dadurch vermindert, „unwichtige" Reize werden gefiltert und so eine Reizüberflutung des Nervensystems verhindert.

Junge Enten- und Gänseküken gewöhnen sich an oft vorüberfliegende Tauben oder Schwäne und reagieren nicht mehr jedesmal mit Fluchtverhalten. Ein Autofahrer oder Schiffskapitän gewöhnt sich an die Motorengeräusche, hört sie kaum noch, erkennt aber sofort ein unbekanntes Geräusch und kann darauf reagieren.

Assoziatives Lernen:

Läuft eine bestimmte Reizfolge in kurzen zeitlichen Abständen mehrmals hintereinander ab, so erfolgt eine Verknüpfung von Reiz und Reaktion. Die Koppelung aufeinanderfolgender Reize bewirkt, daß das Tier oder der Mensch nach dem Eintreffen des ersten Reizes den darauffolgenden „erwartet".

Bergziegen reagieren auf lautes Donnern sofort mit Flucht, da sie heftigen Regen erwarten. Auf

Sprengungen mit lautem Gedonner reagieren sie genauso. Sie assoziieren also jedes donnerähnliche Geräusch mit „Naßwerden".

- *Bedingte Reflexe* sind das Ergebnis einer sehr einfachen Verknüpfung eines neutralen, zunächst nicht reaktionsauslösenden, indifferenten Reizes mit einer Reaktion.

Der Lidschlag des Auges dient zum Schutz der Hornhaut vor Staub und Verletzungen. Er ist ein unbedingter Reflex, der durch die rasche Annäherung eines Gegenstandes, zum Beispiel eines zufliegenden Insekts (optischer Reiz), oder durch den Luftstoß aus einer Düse, durch Wind (Berührungsreiz) ausgelöst werden kann. Nicht übermäßig laute akustische Reize lösen keine Reaktion aus. Im Versuch wird nun jeweils kurz vor dem Eintreffen des reaktionsauslösenden Reizes (Luftstrom) ein leiser Summerton geboten. Nach mehreren Wiederholungen „hat das Nervensystem zur Kenntnis genommen", daß der an sich neutrale akustische Reiz einen reflexauslösenden Reiz (Luftstrom) ankündigt. Es reagiert mit der Ausbildung einer neuen Reflexschaltung, die bewirkt, daß fortan bereits der neutrale Reiz, der Summerton, die Reflexantwort, den Lidschlag, bewirkt.

Die Bildung eines bedingten Reflexes bezeichnet man als „klassische Konditionierung". Es wird also ein neuer Reiz als Auslöser für eine schon bekannte Bewegung dazugelernt.

Bedingte Reflexe können wieder gelöscht werden, wenn in mehrmaligen Versuchen keine Bekräftigung durch Koppelung von neutralem Reiz

(Ton) und reflexauslösendem Reiz (Luftstoß) erfolgt. Diese Auslöschung bezeichnet man als Extinktion. Unbedingte (angeborene) Reflexe hingegen bleiben lebenslang erhalten. Wann immer ein Insekt auf uns zufliegt, schließen wir die Augen!

Aus dem Beschriebenen leitet sich das Gesetz der Generalisierung, der Verallgemeinerung, ab. Einmal gemachte Erfahrungen werden auf ähnliche Situationen übertragen. Das Gesetz der Differenzierung, der Unterscheidung, beschreibt den umgekehrten Vorgang.

Zur Erläuterung ein Beispiel: Kinder werden vor der Gefährlichkeit von Messer und Schere immer wieder gewarnt. Mit dem Erfolg, daß sie beim ersten Haareschneiden in Panik geraten und schreien und weinen. Sie generalisieren: Schere — Schneiden — Verletzen — Schmerz. Erst wenn sie die Erfahrung gemacht haben, daß Haareschneiden keinen Schmerz verursacht, lernen sie zwischen „Haare schneiden“ und „in den Finger schneiden“ zu differenzieren.

• *Die operante Konditionierung* unterscheidet sich von der klassischen Konditionierung dadurch, daß eine neue Bewegung als Appetenzverhalten in den Dienst einer schon vorhandenen Handlungsbereitschaft tritt. Wenn ein Tier oder ein Mensch unmittelbar nach einer beliebigen, vorerst zufälligen Bewegung „belohnt“ wird, so wächst die Bereitschaft, diese Bewegung zu wiederholen. Erfolgreiche Verhaltensweisen werden beibehalten.

Die ersten Experimente dazu wurden vom amerikanischen Psychologen Edward Lee Thorndike

(1874—1949) mit Hilfe von Problemboxen durchgeführt. Er konstruierte Käfige, deren Türen durch Hebel von innen, also vom eingesperrten Tier zu öffnen waren. Der amerikanische Lern- und Verhaltensforscher B. F. *Skinner* baute die Käfige aus, indem er Hebel für Futtergaben, Lichtsignale und Stromstöße anbrachte. Im Versuch wurden Tiere, meist Tauben, Ratten oder Katzen, in die Skinner-Boxen gesetzt und erhielten durch Drücken eines bestimmten Hebels eine Futterration. Das Drükken des Hebels erfolgte vorerst zufällig, da das Tier durch Herumschlagen versucht hatte, aus dem unangenehmen Käfig zu entkommen. Dabei drückte es eben auch den futterspendenden Hebel. Die Futterration bewirkte, daß das Tier nun wiederholt drückte und „belohnt" wurde.

Je seltener die Belohnung erfolgte, desto heftiger wurde das „Arbeitstempo". Gab es aber nur alle halben Minuten Belohnung, so lernten die Tauben sehr rasch, sich bis dahin zu gedulden. Sie begannen erst kurz vor der zu erwartenden Belohnung mit dem Drücken des Hebels. Sie entwickelten ein Zeitgefühl.

Diese Versuche führten mitunter aber auch zu recht absonderlichen Verhaltensformen der Tiere. Tauben wurden in getrennte Käfige gesperrt und erhielten alle 15 Sekunden Futter, gleichgültig, welche Bewegungen sie eben ausführten. Nach einiger Zeit konnte der Versuchsleiter ganz unterschiedlich „dressierte" Tauben beobachten: die eine tanzte ständig im Kreise, eine andere nickte mit dem Kopf, eine hüpfte auf einem Bein, wieder eine andere verharrte in völliger Ruhe. Bei jedem der Vögel hatte sich ein eigenes „Futterritual“ entwickelt, je nachdem, bei welcher Bewegung er das erste Mal Futter ausgelöst hatte.

Skinner übertrug seine Versuchsergebnisse auch auf das menschliche Lernverhalten, konnte dabei aber nicht die erhofften Erfolge erzielen. Beim Menschen spielen für das Lernen und den Lernerfolg offensichtlich noch andere Kriterien wie Nachahmung, Einsicht und Motivation eine wichtige Rolle. Skinner entwickelte aus seinen im Tierversuch gewonnenen Erfahrungen das programmierte Lernen und das Lernen in Sprachlabors.

Aus Erfahrung wird man klug

• *Positive Erfahrungen* bewirken zwei Arten von Verhalten, die bedingte Appetenz und die bedingte Aktion.

Folgt auf einen neutralen Reiz öfter eine positive Erfahrung in Form einer triebbefriedigenden Endhandlung, so wird der neutrale Reiz zum auslösenden Reiz für die auf die Befriedigung zielende Appetenz (bedingte Appetenz).

Als Beispiel seien die Pawlow'schen Hundeversuche erklärt, die lange Zeit als Paradebeispiel für den bedingten Reflex galten. Iwan *Pawlow* (1849—1936), ein russischer Physiologe und Pathologe, bot angeketteten Hunden kurz vor dem Darreichen des Futters einen Glockenton. Nach mehrmaligem Wiederholen des Versuches löste bereits der Glockenton den Speichelfluß der Hunde aus. Ein vorerst neutraler Reiz, der Glockenton, bewirkte in weiterer Folge den Speichelfluß, eine unbedingte Reaktion, die üblicherweise beim Anblick von Futter einsetzt.

Erst als die Versuchsanordnung geändert und die Hunde aus ihrer Fesselung befreit wurden, erkannte man die Komplexität des Verhaltens. Die Hunde führten nämlich das komplette Appetenzverhalten (Suchen nach dem Futter nach Ertönen des Tones) aus und nicht nur den Reflex (Speichelfluß).

Beim bedingten Reflex löst der bedingte, also vorerst neutrale Reiz stets das gleiche motorische Verhalten aus, das auch der primär auslösende, der unbedingte Reiz bewirkte.

Bei der bedingten Appetenz hingegen wird das Appetenzverhalten durch den Lernvorgang mit neuen, auslösenden Reizen verknüpft.

In der Natur ist dies wohl die häufigste Form des Lernens. Rabenvögel beginnen, sobald der Nestbauinstinkt in Gang gesetzt wird, mit dem Heranschleppen von allem möglichen, unsortiertem Material. Am Nestort wird versucht, das Material mit der typischen Instinktbewegung, dem Zitterschieben, zu verbauen. Da nur längliche Gegenstände auf diese Art verbaut werden können und zur triebbefriedigenden Endhandlung führen, lernt der Vogel sehr rasch, nur Material, das eine befriedigende Rückmeldung (Reafferenz) gibt, zu verwenden.

Wenn ein Tier ein- oder mehrmals irgendein motorisches Verhalten ausführt und unmittelbar danach eine gute Erfahrung macht, also belohnt wird, entsteht eine funktionelle Koppelung zwischen dem motorischen Verhalten und jenem Antrieb, der durch die Belohnung befriedigt wird. Das Lernergebnis besteht darin, daß das Tier das lohnende Verhalten bevorzugt ausführt, wenn der betreffende Antrieb erwacht ist. Eine „bedingte Aktion“ ist also ein Appetenzverhalten, das aufgrund von Erfahrungen neue motorische Ausführungsweisen dazugewinnt.

Folgendes Beispiel soll die bedingte Aktion veranschaulichen: Ein Affe im Käfig wurde von den Artgenossen abgedrängt und reagierte darauf mit erregungsbedingtem „Springen auf der Stelle“. Das gefiel den Besuchern so gut, daß sie diesen Affen öfter fütterten. Je größer das Nahrungsbedürfnis dieses Affen war, desto intensiver sprang er.

Menschlicher Aberglaube beruht auch oft auf positiver Erfahrung. Gelingt einem Sportler der heißersehnte Sieg, so wird er in Zukunft nur noch die schnellen Schier, die erfolgreichen Sportschuhe oder die siegbringende Dreß verwenden. Aber auch die Religion nährt den Aberglauben. Sie verspricht ein besseres Jenseits, wenn man eine Kerze in der Kirche anzündet oder Betgeld im Tempel verbrennt!

• *Negative Erfahrungen* wie Übelkeit nach der Nahrungsaufnahme, elektrische Schläge oder Hiebe führen zu Meide- oder Fluchtreaktionen.

Die „bedingte Aversion“ kann als Pendant zur bedingten Appetenz gesehen werden.

Bedingte Aversionen sind für eurytrophe Tiere, also solche, die sich von unterschiedlichen Dingen ernähren, von größter Bedeutung. Durch die Aversion lernen die Tiere, ungenießbare oder gar giftige Nahrung zu meiden.

Junge Frösche und Kröten schleudern ihre klebrige Zunge nach allem, was Insekten ähnlich ist. Erbeuten sie dabei eine stechende Wespe, so entwikkeln sie eine bedingte Aversion gegen diese „schmerzhafte Beute“ und meiden sie in Zukunft.

Wenn eine Verhaltensweise mehrfach negative Folgen hat, so tritt eine „bedingte Hemmung“ auf. Das Tier meidet die Situation in Zukunft. Die bedingte Hemmung findet Anwendung in der Hundedressur. Möchte man dem Hund das Jagen abgewöhnen, so muß man ihn schon beim ersten Anlauf zum Jagen bestrafen. Man muß das Appetenzverhalten mit dem Strafreiz verknüpfen. Bestraft man den Hund erst, wenn er vom Wildern zurückkehrt, verknüpft der Hund sein Wiederkommen mit der Bestrafung.

Von Schmerz und/oder Schreck begleitete neutrale oder gar erwünschte Situationen erhalten eine negative Bedeutung. Pferde scheuen immer wieder an Stellen, an denen sie einmal erschreckt wurden. Hunde meiden das Revier eines anderen, wenn sie vom revierbeherrschenden Hund einmal gebissen wurden.

Versuch und Irrtum führen zum Erfolg
(trial and error learning)

Dem Eichhörnchen ist das Verhaltensmuster „Nüsseknacken“ angeboren. Die spezielle Art und Weise, wie es die Nuß öffnen kann, muß es durch Versuch und Irrtum lernen. Jene Methode, die es am schnellsten zur Nuß führt, behält es bei und perfektioniert sie.

Im Experiment zeigen sehr aktive Tiere (etwa Ratten, Affen) in Situationen, für die sie keine angeborenen oder erworbenen Verhaltensmuster parat haben, stark variables, anscheinend zufälliges und ungerichtetes Verhalten. Führt eine Verhaltensweise zum Erfolg, so tritt sie in aufeinanderfolgenden Versuchen immer schneller auf, bis sie schließlich in der entsprechenden Situation sofort gezeigt wird.

Diese Art von Lernen wird im Experiment durch Problemboxen und verschiedene Arten von Labyrinthen untersucht. Sowohl das Durchlaufen eines Labyrinths als auch das „Futterkriegen“ aus einer Problembox erfolgt ohne Einsicht und Zielstrebigkeit. Das Lernen basiert nur auf dem Löschen erfolgloser und dem Verstärken erfolgreicher Verhaltensweisen.

Eine mehrmalige Ausführung gleicher Bewegungsabfolgen kann zu einer Koppelung der Einzelbewegungen und Speicherung der Programme im Zentralnervensystem führen. Kurz gesagt: es entstehen neue Bewegungsweisen.

Im Versuch belohnte man eine Taube jedesmal, wenn sie den Kopf nach links drehte, und erreichte damit, daß die Taube, sobald sie hungrig war, vor dem Futterloch linksherum tanzte. Skinner demonstrierte diesen Lernvorgang während seiner Vorlesungen und dressierte eine Taube vor den Augen der Studenten!

In der Natur spielen solche Vorgänge beim Erlernen von Wegen vieler Säuger eine bedeutende Rolle. Unbekannte Wege, im Labor ein Hochlabyrinth, werden beim ersten Durchlaufen vorsichtig abgetastet. In weiterer Folge werden die bekannten Teile des Weges relativ rasch durchgangen und später sogar durchlaufen. Durch dieses Wegelernen wird der Bewegungsablauf nicht durch Reaktionszeiten verzögert und kann sehr schnell erfolgen. Es ist daher fast unmöglich, ein Tier innerhalb seines Territoriums (Wohn- und Jagdgebiet) zu fangen. Drängt man das Tier allerdings in unbekanntes Gebiet ab, findet es nur zögernd seinen Weg und verlangsamt die Flucht.

Der Mensch zeigt ein ganz ähnliches Verhalten. Einmal eingeübte, „eingefahrene“ Wege werden immer wieder gewählt, auch wenn andere Wege kürzer oder sicherer wären.

Auch beim Menschen findet motorisches Lernen beim Einschleifen von Bewegungen statt. Tanzen, Klavierspielen oder Autofahren werden durch oftmaliges Wiederholen zu selbstverständlichen Bewegungsabläufen, die ohne Denken erfolgen.

Eine Sonderform des Lernens: die Prägung

Die Prägung, erstmals von Konrad Lorenz beschrieben, gilt als Sonderform des Lernens. Sie ist ein nicht löschbarer, irreversibler Lernvorgang, der auf Assoziation beruht und dem bedingten Reflex verwandt ist.

Erblickt ein Gänsegössel (Gänsejunges) nach dem Schlüpfen einen Menschen statt der eigenen Mutter, so läuft es diesem nach. Das Junge ist bezüglich seiner Folgereaktion auf den Menschen geprägt.

Prägung kann nur in der sogenannten sensiblen oder kritischen Phase, meist in der Jugend, erfolgen. Oft liegt die Prägungszeit in einer Phase der Individualentwicklung (Ontogenese), in der die betreffende Verhaltensweise noch gar nicht ausgebildet ist. Die Reihenfolge der sensiblen Prägungsphasen entspricht nicht der Sequenz der später auftretenden Verhaltensweisen.

Die Dohle wird zum Beispiel auf Sexualität geprägt, wenn sie noch unbefiedert im Nest liegt. Die Prägung für die Nachfolgereaktion erfolgt kurz vor dem Flüggewerden. Dieser Effekt wird also schon nach einigen Tagen sichtbar, die sexuelle Prägung wirkt sich erst nach zwei Jahren aus.

Die zweckmäßige Funktion des Prägungsvorganges besteht darin, eine bestimmte Verhaltensweise auf ein adäquates Objekt zu fixieren. Sigmund

Freud hat diese Art des Lernens entdeckt und Fixierung genannt.

Üblicherweise erblickt und hört ein frisch geschlüpfter Vogel oder ein neugeborenes Säugetier zuerst das Muttertier. Es erscheint sinnvoll, daß in dieser ersten Lebensphase eine Prägung auf die Mutter erfolgt, da sie das Junge vor Gefahren schützt. Durch ständige Lautäußerungen der Mutter wird die Nachfolgereaktion bekräftigt.

In Laborversuchen, in sogenannten Prägungskarussellen, folgten Küken sogar piepsenden Bällen und Würfeln, wenn sie diese im Augenblick des Schlüpfens wahrnahmen.

Man kennt Objektprägungen, Nachfolgeprägungen, sexuelle und motorische Prägungen. Lachse etwa sind auf den Geruch ihres Laichgewässers geprägt, viele Vogelgesänge beruhen auf motorischer Prägung. Hört der frisch geschlüpfte Vogel mehrere Gesänge, bevorzugt er den arteigenen Gesang zur Nachahmung (Beweis für die Lernanlage).

Jeder muß lernen

Alle Lernvorgänge, die zum Überleben notwendig sind und den arttypischen Ablauf des Verhaltens sichern, werden als *obligatorisches* Lernen zusammengefaßt.

Bei Amseln und Buchfinken tauschte man im Experiment die Jungen aus und die Elternvögel bemerkten es nicht. Sie kennen ihre Jungen nämlich nicht individuell, sondern nur den Platz des eigenen Nestes und das arteigene Sperrmuster, das Farbmuster im geöffneten Schnabel der Jungvögel. Die Erhaltung der Art hat hier Vorrang gegenüber der Erhaltung der eigenen Jungen.

Eine Jungbiene, die erstmals den Stock verläßt, lernt dabei gleichzeitig die Umgebung kennen und findet nach dem Erkundungsflug wieder zurück. Bringt man allerdings die Biene in einem verdunkelten Kästchen vom Stock weg, findet sie nicht mehr nach Hause.

Unsere Muttersprache und der arttypische Gesang eines Vogels beruhen ebenfalls auf obligatorischen Lernvorgängen. Für diese Lernvorgänge gibt es Gehirnabschnitte, die nur in bestimmten Entwicklungsphasen arbeiten und die Informationen für den lebensnotwendigen Lernprozeß aussuchen.

Komplexes Lernen

Komplizierte nervöse Mechanismen sind die Voraussetzung für das Lernen durch Beobachtung und Nachahmung, bei dem beobachtete, neue Bewegungen eines „Vorbildes“ in das eigene Verhalten eingebaut werden. Dieses Nachahmen kann akustisch oder motorisch sein.

Vielen Vögeln (Dorngrasmücken, Tauben) ist der arteigene Gesang angeboren, andere, etwa die Singammern, erlernen ihn durch akustische Nachahmung. Etliche Vögel ahmen auch artfremde Gesänge nach, sie spotten. Die biologische Bedeutung des Spottens ist in vielen Fällen noch ungeklärt. Es tritt bei Papageien und Singvogelarten relativ häufig auf.

Motorische Nachahmung ist nur von wenigen Säugern bekannt und im Freiland überhaupt nur an Menschenaffen beobachtet worden. Zum Beispiel öffneten Schimpansen ein Vorhangschloß und entriegelten eine Tür, ohne diese Bewegungen je geübt zu haben, wenn sie vorher beim Entriegeln zugesehen hatten.

Aus dem Lernen durch Nachahmung resultiert die Tradition. Die Weitergabe etablierter, im Laufe von Generationen erworbener Verhaltensmuster erfolgt fast immer über die Mütter an die Kinder, während die Einführung neuer Verhaltensweisen meist von den Jungtieren ausgeht.

In einer Population japanischer Rotgesichtsmakaken begann ein Affe mit dem Waschen sandiger Süßkartoffeln (Bataten). Nach einiger Zeit wuschen alle Tiere der Population die Bataten vor dem Verzehren. Das Batatenwaschen wurde in das Verhaltensrepertoire dieser Affen eingebaut und an die Nachkommen weitergegeben.

Als „Lernen durch Einsicht" bezeichnet man Verhaltensänderungen, die durch ein Erkennen der Aufgabenstruktur zustande kommen und ohne vorheriges Üben oder Erfahrungsammeln ablaufen. Einsichtiges Lernen steht also im Gegensatz zum blinden „trial and error learning". Es liegt dann vor, wenn das Verhalten nach dem Lernen einfacher Regeln neuen und allgemeineren Regeln folgt oder wenn ein Problem aufgrund der Kombination früher gemachter Erfahrungen gelöst wird.

Die einfachste Form des einsichtigen Lernens ist die sogenannte Umweglösung. Dabei wählt das Tier ohne vorheriges Probieren einen Weg, der es zeitweise sogar vom Ziel entfernt, um dieses letztlich doch zu erreichen. Es zeigt also Einsicht in die Gesamtsituation.

Komplexe Lernleistungen sind bisher nur bei Primaten, zu denen auch Menschenaffen und Menschen zählen, beobachtet worden.

Voraussetzungen für komplexe Lernleistungen sind ein Gedächtnis als Informationsspeicher und eine gewisse Lernbegabung. Die Gedächtniskapazität wird durch die Anzahl der Nervenzellen (Neuronen) im Gehirn bestimmt.

Das klassische Experiment stammt von Wolfgang *Köhler* (1887—1967), der Professor für Psychologie und Philosophie in Berlin und später in den USA war: die Intelligenzprüfung an Menschenaffen (1917) mit dem Schimpansen Sultan. Es nahm dem Menschen den Nimbus, das einzige vorausblikkend und logisch denkende Wesen zu sein. Der Schimpanse sollte unerreichbare, außerhalb des Käfigs liegende oder im Käfig aufgehängte Bananen mit Hilfe einfacher Werkzeuge ergattern. Einmal steckte Sultan zwei Stangen ineinander und konnte damit die außerhalb des Käfigs deponierten Bananen erreichen, ein anderes Mal stapelte er Kisten übereinander, um die aufgehängten Früchte zu erreichen oder er kombinierte beide Methoden. Jedes

Mal wurde spontan neuartiges Werkzeug ohne vorheriges Probieren verwendet.

„Sterben vor Neugier“

Neugierverhalten ist bei Tieren, die in natürlicher Umgebung leben, eher selten, da es das Tier in unnötige Gefahr bringt. Beim Erkundungsverhalten, dem explorativen Verhalten, probiert das Tier fast alle Verhaltensweisen, die ihm zur Verfügung stehen, an ein und demselben Objekt durch. Dieses Neugierverhalten wird vor allem bei Ratten, Papageien, Delphinen und allen Primaten (Spitzhörnchen, Affen, Menschenaffen, Menschen) beobachtet.

Neugierverhalten und Spiel sind nicht exakt voneinander abgrenzbare Verhaltensweisen. Sie treten nur in entspannter Situation auf und erlöschen sofort beim Auftreten einer anderen Motivation. Die Antriebe sind so gestaltet, daß der „Ernstfall“ (Flucht, Hunger) immer Vorrang hat.

Bisweilen aber ist die Neugierde größer als alle anderen Motivationen, sodaß Tiere durch interessante Dinge angelockt werden können. Ein englisches Sprichwort bestätigt die wissenschaftlichen Ergebnisse: Curiosity killed the cat (Neugier tötete die Katze). Auch die deutsche Sprache kennt das „Sterben vor Neugier“.

Im allgemeinen werden Neugier und Spiel nur

bei Jungtieren beobachtet. Durch Neugierde werden verschiedene Gegenstände und die Umwelt erforscht, durch das Spiel wichtige Bewegungsabläufe erworben. Die jungen Löwen lernen im Spiel die wichtigsten Verhaltensweisen für die Jagd, junge Iltisse beim Balgen mit Geschwistern Kampfweisen. Sie üben Angriff und Flucht mit verteilten Rollen, sind beim Balgen beißgehemmt und zeigen auch keine Drohgebärden, die in einem echten Kampf zu beobachten wären. Im Unterschied zu Instinkthandlungen, die sich ziemlich schnell erschöpfen, spielen Tiere bis zur totalen körperlichen Erschöpfung oder bis das Spiel durch einen ablenkenden Umweltreiz beendet wird.

Das Spiel produziert bisweilen schöpferische Kunstfiguren wie sie etwa beim Flug mancher Kolkraben (sie steigen auf, lassen sich fallen, fliegen Pirouetten) oder beim Tanz des Menschen beobachtet werden können.

Spielerisches Verhalten zeigen vor allem wasserlebende Säugetiere wie Fischotter, Delphine (Zahnwale) und Seelöwen. Delphine und Seelöwen können wohl als „Erfinder“ des Wellenreitens bezeichnet werden. Sie schnellen mit dem Bauch auf die Vorderseite einer Woge und lassen sich mittreiben. Unermüdlich wiederholen sie dieses Spiel.

Auch brutgeschützte Jungtiere, die noch keine Eigenverantwortung haben, beobachtet man beim Spielen. Erwachsene Tiere spielen nur, wenn sie satt und in Sicherheit sind.

Spiel ist immer Verhalten ohne Ernstbezug, zumindest gilt dies für das tierische. Spielhandlungen werden durch einen inneren Antrieb gesteuert, der aber nicht identisch ist mit jenem Antrieb, der die entsprechenden Verhaltensweisen für den Ernstfall motiviert.

Die frühen Erfindungen der Menschen (etwa Feuermachen, das Rad) wurden meist im entspannten, nicht zweckgerichteten und von keiner spezifischen Appetenz motivierten Spiel gemacht. Erst nachträglich wurde die Anwendbarkeit auf praktische Belange erprobt. Wie oft fällt uns die Lösung für irgendein Problem an völlig unpassenden Orten und zu unpassenden Zeiten ein!

Können Tiere zählen?

Abstraktion ist ein Prozeß, der zur Begriffsbildung führt. Früher wurde diese Fähigkeit dem Menschen allein zugesprochen. Durch zahlreiche Versuche konnte aber bewiesen werden, daß auch Tiere (einige Fische, diverse Vögel, etliche Säuger) zu „höheren Denkleistungen" fähig sind.

Im Zweifachwahlversuch (von mehreren Forschern von 1960 bis heute durchgeführt) werden Tieren zwei verschiedene Symbole angeboten. Durch Belohnung dressiert man sie auf das eine Symbol oder Muster, während man gleichzeitig das andere Zeichen durch Strafe (Elektroschock, kein Futter) abdressiert. Bietet man nun Symbole, die nur noch eine gewisse Ähnlichkeit mit dem andressierten aufweisen und entscheiden sich die Tiere für das ähnlichere, so abstrahieren sie.

Schimpansen erlernten sogar Wertbegriffe. Für blaue, weiße oder messingfarbene Marken erhielten sie zwei, eine oder keine Weinbeere. Nach kurzer Zeit bevorzugten die Schimpansen die wertvolleren blauen Marken. Sie verrichteten sogar bestimmte Arbeiten, um eine Marke zu erhalten. Die Affen lernten also den Wert der Marken kennen. Manche Tiere horteten ihre Marken auch und „beschützten" ihren Besitz vor Artgenossen.

In freier Wildbahn wurden ähnliche Verhaltensweisen bei Tieren bisher nicht beobachtet. Noch sind die Menschenaffen nicht so „weit" wie wir Menschen, noch stehen alle Ressourcen eines Lebensraums allen Tieren zur Verfügung, noch gibt es weder „arme" noch „reiche" Tiere.

Besondere Lernleistungen von Tieren im Zählen wies der Psychologe Otto *Koehler* (1955) bei Tauben, Papageien, Rabenvögeln und Eichhörnchen nach. Die Tiere wählten zu einer Anzeigetafel mit einer bestimmten Punkteanzahl Schüsselchen mit entsprechend vielen Körnern aus. Ein Graupapagei lernte sogar, aufgrund der Anzahl von Tönen oder Lichtreizen die entsprechende Anzahl von Körnern auszuwählen. Eine Spitzenleistung an Verallgemeinerung (Generalisation).

Das Ehepaar R. und B. *Gardner* brachte der Schimpansin Washoe eine Handzeichensprache bei, mit deren Hilfe sie einfache Sätze verstehen und bilden konnte. Auch Begriffe wie „wenn — dann" wurden verstanden. Allerdings konnte die

Schimpansin nur Kombinationen (Sätze) aus maximal vier verschiedenen Begriffen bilden. Diese Begriffe reihte sie in unterschiedlicher Kombination zu ganzen Begriffsketten aneinander.

Warum aber ist es trotz größter Anstrengungen bis heute nicht gelungen, den uns so ähnlichen Schimpansen das Sprechen beizubringen? Sind sie zu dumm, fehlt es ihnen an Intelligenz? Schimpansen sind einerseits anatomisch nicht in der Lage, sprachähnliche Laute hervorzubringen, da ihr Kehlkopf und ihre Mundhöhle anders gebaut sind als die der Menschen. Andererseits fehlt ihrem Gehirn genau jener Teil, der für die menschliche Sprache verantwortlich ist. Obwohl Menschen und Schimpansen zu 99% genetisch übereinstimmen, gibt es einen gravierenden Unterschied: die Sprache. In wechselseitiger Beeinflussung haben sich Gehirnentwicklung und Entwicklung der Sprache hochlizitiert. Alle Gehirn„teile", die im Laufe der Entwicklungsgeschichte dazugewachsen sind, haben in irgendeiner Form mit dem Speichern und Verarbeiten von Informationen zu tun.

In der Natur beobachtete Jane *Lawick-Goodall*, wie Schimpansen mit Hilfe von Blättern Wasser schöpften und mit Halmen Termiten aus deren Bauten fingen. Diese Tiere setzten also gezielt selbst hergestellte Werkzeuge ein, um gewisse Dinge (Wasser, Termiten) besser zu erreichen. Im Gegensatz zum Menschen bewahren sie diese Werkzeuge aber nicht auf und verwenden sie auch nicht wieder.

Der Mensch zeigte in der Auseinandersetzung

mit der Natur eine besonders hohe Lernfähigkeit. Er übernahm Modelle aus der Natur, etwa Vogelflügel und Knochenbau, und entwickelte sie weiter zu Flugzeugen und Brücken.

Lernvorgänge sind immer an ein informationsspeicherndes System (zentralisiertes Nervensystem) gebunden und in allen Tiergruppen zu beobachten. Obligatorisches — das die angeborenen Verhaltensweisen ergänzende — Lernen gibt es ebenfalls im ganzen Tierreich. Fast alle Lernvorgänge erfolgen ohne Einsicht und Zielstrebigkeit. Einsichtiges Lernen und die Fähigkeit zur Abstraktion kennt man hauptsächlich von höheren Tieren (Vögel, Säuger). Höhere Lernleistungen sind nicht nur von der Merkfähigkeit des Tieres oder des Menschen abhängig, sondern vor allem von der Motivation, mit der der Lernende an die Aufgabe herangeht.

Angepaßtes Verhalten verlängert das Leben

Jeder Organismus ist von seiner Umwelt abhängig und muß daher sein Verhalten den Umweltbedingungen entsprechend anpassen. Außerdem übt die gesamte Umwelt — die unbelebte wie auch die belebte — einen starken Selektionsdruck auf alle Organismen aus. Nur der „gut" Angepaßte überlebt und kann seine Erbinformation erfolgreich weitergeben.

Die Lebensgrundlage jedes Organismus ist eine positive Energiebilanz. Energieverzehrende Verhaltensweisen müssen in ausgeglichener Relation zu energieliefernden stehen. Schutz gegen Feinde, Nahrungserwerb und Stoffaufbau etwa gehen als energieverzehrend in die Kosten-Nutzen-Rechnung ein, während die Nahrung selbst natürlich energieliefernd ist.

Seit Mitte der siebziger Jahre beschäftigt sich die Soziobiologie mit der Frage, welchen Überlebenswert bestimmte Verhaltensweisen für das Tier bieten. Durch den natürlichen Selektionsdruck und die Auslese entstehen Organismen mit solchen Verhaltensweisen, die eine optimale Weitergabe der Erbanlagen gewährleisten. Meist hinken aber die Anpassungen den Anforderungen nach, wie am Beispiel des schlechten Venensystems der menschlichen Beine zu erkennen ist. Die infolge der Aufrichtung notwendige Anpassung ist bis heute nicht abgeschlossen.

Auch das Entwicklungstempo des Soziallebens

der Herrentiere (Primaten) steht nicht in Einklang mit der schnellen evolutionistischen Entwicklung und führt bisweilen zu Fehlverhalten. Wer sich durch Lernen gut anpassen kann, hat größere Freiheiten als weniger angepaßte Organismen. Allerdings muß das Tier und erst recht der Mensch mit dieser Errungenschaft innerhalb der Gruppe, der Familie erst einmal zurechtkommen.

Diese Unfähigkeit, die Freiheit zu bewältigen, äußert sich unter anderem im Kannibalismus. Interessanterweise zeigen Funde von Heidelberg-Menschen (Homo heidelbergensis, Pithecantropus-Gruppe, vor 600.000 Jahren) bis zum (Cro-Magnon-Menschen (vor 20.000 Jahren) immer wieder Spuren von innerartlichem Kannibalismus. Auch bei Naturvölkern wurde, und wird in Einzelfällen auch heute noch, Kannibalismus angetroffen.

Häufig führen die an den Organismus gestellten Anforderungen durch Umwelt und Artgenossen zu Konflikten, die meist durch Kompromisse gelöst werden. Die Soziobiologen entwerfen sogenannte Optimalitätsmodelle, die quantitative Vorhersagen ermöglichen, welcher Kompromiß zwischen Kosten und Nutzen einen maximalen Gewinn für den Organismus bringt.

Verhalten muß sich lohnen

Sandkrabben fressen nur Miesmuscheln einer

ganz bestimmten Größe, bei der der Energiegewinn im Verhältnis zum Zeitaufwand für das Öffnen der Muschel optimal ist.

Viele Organismen verteidigen ein Revier nur dann, wenn der Nutzen, nämlich die aus dem Revier gewonnene Nahrung, die Kosten — den Energieverbrauch für die Verteidigung — übersteigt. Sind sehr viele Tiere in einem nahrungsarmen Gebiet, wird die Revierverteidigung aufgegeben und die Energie zum Nahrungserwerb eingesetzt. Sind wenige Tiere, aber Nahrung im Überfluß vorhanden, wird das Revier auch nicht verteidigt. In beiden Fällen wäre die Verteidigung unnötige Energieverschwendung.

Die Tiere „wägen" in ihrem Handeln die Kosten und Nutzen situationsgemäß, aber nicht in bewußter Entscheidung „ab". Die natürliche Auslese erzwang die Entwicklung von Tieren, die auf diese Weise wirkungsvoll handeln. Wer überlebt, gibt seine Erbanlagen weiter.

Die Umwelt regelt das Verhalten

Die Beziehungen eines Tieres oder einer Tiergruppe (Population) zur Umwelt sind äußerst vielfältig. Einerseits übt die unbelebte, abiotische Umwelt (unter anderem Temperatur, Wind, Trockenheit) Druck auf den Organismus aus, andererseits hängt das Überleben von der belebten, biotischen

Umwelt (Pflanzen, Tiere, Menschen) ab. Jeder Organismus, egal ob Pflanze oder Tier, bevorzugt spezifische Umweltbedingungen, wie etwa bestimmte Luftfeuchtigkeit, Temperatur oder Tageslänge, und besiedelt daher nur entsprechende Lebensräume (Biotop). Viele Organismen sind vorzüglich an ihren Lebensraum angepaßt.

Der Fuchs zum Beispiel hat sich jeweils an das eisige Polarklima, das gemäßigte Klima Mitteleuropas und das trockene Wüstenklima angepaßt. Der in Eis- und Schneeregionen lebende Polarfuchs ist durch dichtes, weißes Fell, kurze Schnauze und kurze Ohren („kugelige" Körpergestalt) vor Kälte und Wärmeverlust geschützt. Der an das Wüstenklima angepaßte Fenek (Wüstenfuchs) hat lange, schlanke Läufe, kurzhaariges Fell und riesige Ohren, die die kleinsten Luftbewegungen einfangen und so zur Kühlung des Körpers beitragen.

Nicht nur besondere Körpermerkmale schützen Tiere vor Witterungseinflüssen, auch Nester, Höhlen und Bauten erfüllen diesen Zweck und werden daher ebenfalls zu den Anpassungen an die Umwelt gezählt.

Manche Tiere verändern auch Teile der Umwelt gemäß ihren Ansprüchen. Biber beginnen sofort mit dem Dammbau, wenn der Wasserspiegel sinkt. Sie brauchen den hohen Wasserstand, um Nahrung beschaffen zu können und um die unter dem Wasserspiegel gelegenen Höhleneingänge zu schützen. Termiten regulieren die Temperatur im Bau durch komplizierte Lüftungssysteme. Die Luftfeuchtigkeit wird durch Wasserträger konstant gehalten, die Wasser aus Gängen, die bis zum Grundwasser reichen, in den Bau schaffen.

Andere Anpassungen an klimatische Faktoren sind Körperpflegehandlungen, die die wasserabstoßende und wärmeisolierende Funktion von Federn oder Fell erhalten. Enten und andere Schwimmvögel etwa streichen mit dem Schnabel über die fettabsondernde Pürzeldrüse und fetten anschließend das Gefieder ein.

Die Umwelt eines Organismus beeinflußt auch dessen Lernfähigkeit. Tiere reich strukturierter Biotope (Lebensräume) wie etwa Wälder oder Korallenriffe sind anpassungs- und lernfähiger als Tiere unstrukturierter Lebensräume. Hochseefische, die normalerweise in ihrer Umgebung keine Hindernisse vorfinden, schwimmen im Aquarium immer wieder gegen die Scheiben, Steppenhühner laufen gegen die Käfigstangen.

Auch Gezeitenwechsel, Tagesablauf, Mondphasen und Jahreszeiten führen zu spezifischen Anpassungen. Als Beispiel sei hier nur der Wechsel der Fellfarbe bei winteraktiven Tieren erwähnt. Im Sommer ist das Fell unscheinbar braun, im Winter „schneeweiß“.

Der Nahrungserwerb darf nicht mehr Energie verbrauchen, als das Verzehren der Nahrung an Kalorien (Joule) einbringt. Daher zeigen viele Tiere vorzügliche Anpassung an ihre Nahrung, beziehungsweise deren Erwerb.

Einige Beispiele mögen dies veranschaulichen: in Korallenmeeren lebende Fische ernähren sich von allerlei Kleintieren, die in Spalten und Nischen der

Korallenstöcke leben. Aufgrund dieser speziellen Ernährungsweise haben unterschiedliche, nicht miteinander verwandte Fischgruppen gleichartige Anpassungen, nämlich pinzettenartige Mäuler entwickelt (Konvergenzbildungen). Auch die Verhaltensweisen sind einander sehr ähnlich.

Spinnen haben unterschiedliche Methoden zum Beutefang entwickelt: sie bauen Netze, in denen sich die Beute verfängt, klebrige Fäden und Fallen, die das Insekt festhalten, oder beschleichen es. Alle Methoden führen zum gleichen Ziel: die Beute wird energiesparend „erlegt".

Um an besondere Leckerbissen heranzukommen, erfinden manche Tiere Werkzeuge: Seeottern öffnen Muscheln, indem sie diese auf einen Stein schlagen, den sie sich auf den Bauch gelegt haben. Schmutzgeier zerschlagen Straußeneier mit Steinen, die sie extra herbeischaffen.

Im allgemeinen sind Räuber erfinderischer und zeigen vielfältigere Anpassungen als Pflanzenfresser, da Beutetiere entsprechend mannigfaltiger und reaktionsfreudiger sind als Pflanzen. Früchtefresser und Allesfresser lernen sehr schnell, Genießbares von wenig Genießbarem zu unterscheiden. Außerdem verfügen sie über ein ausgeprägtes räumliches Vorstellungsvermögen. Äußerst unterschiedliche Anpassungen an verschiedene ökologische Nischen sieht man an den Darwinfinken. Sowohl an der Schnabelform wie auch am Verhalten ist die Ernährungsweise erkennbar.

Alle Spezialisierungen sind letztlich das Ergebnis eines unerbittlichen Kampfes ums Überleben.

Gleich und gleich bekämpft sich

In der Natur gilt das Gesetz vom „Fressen und Gefressenwerden". Auch die meisten Raubtiere sind ihrerseits wieder Beute für andere. Daher ist es für jeden Organismus wichtig, Strategien gegen das Gefressenwerden zu entwickeln. Das Tier entwickelt sie nicht von selbst, sondern der Selektionsdruck fördert gut angepaßte Verhaltensweisen oder Körpermerkmale.

Die am meisten verbreitete Strategie ist die Flucht vor dem Freßfeind. Je weniger Schutzmittel, wie Stacheln, Giftzähne oder Panzer, ein Organismus aufweist, desto größer ist seine Fluchtbereitschaft und desto eher flieht er. Auch wenn der Feind noch relativ weit entfernt ist. Stark bewehrte Tiere ergreifen erst die Flucht, wenn der Feind sehr nahe ist.

Um den Feind rechtzeitig zu bemerken, „sichern" Tiere ständig. Sie unterbrechen ihre Tätigkeit (meist das Fressen) und spähen in die Runde. Leben Tiere in Gruppen zusammen, so blickt zwar das Einzeltier seltener auf, in Summe aber erhöht sich die Anzahl der Sicherungsblicke. „Mehr Augen sehen mehr." Der österreichische Biologe Hans Hass (geb. 1919), bekannt durch seine Unterwasserexpeditionen, beobachtete, filmte und beschrieb das Phänomen des Sicherns auch beim Menschen. Wenn der Mensch ißt, egal ob zu Hause oder im

Restaurant, blickt er immer wieder auf und schaut um sich. In der Gruppe verringert sich ebenfalls das Sichern des Einzelnen.

Die Gruppenbildung ist also auch eine Strategie zur Feindabwehr. In manchen Gruppen gibt es regelrechte Wächterdienste. Drosslinge zum Beispiel überwachen von exponierten Stellen aus das Gelände, demonstrieren durch ständiges Singen ihre Aufmerksamkeit und warnen die Gruppe durch verschiedene Signale vor einem Feind. Auch die mittelalterlichen Nachtwächter verkündeten ihre Aufmerksamkeit durch regelmäßige Rufe.

Wird ein Tier trotz aller Schutzmaßnahmen dennoch angegriffen oder verfolgt, so zeigt es meist ungewöhnliche, irreguläre Verhaltensweisen, um den Feind zu verwirren und selbst zu entkommen. Kaninchen und Hasen schlagen Haken, Fasane fliegen in alle Richtungen auseinander und verstecken sich anschließend, Taumelkäfer schwimmen im Zickzackkurs.

Fluchtreaktionen sind oft auf ganz bestimmte Feinde und deren Angriffsmethoden abgestimmt. Das Haushuhn hat einen Fluchtmechanismus gegen Bodenfeinde, wie Iltis oder Katze. Es flieht bei Bodenangriffen auf Bäume. Wird es hingegen aus der Luft von einem Greifvogel angegriffen, geht es in Deckung, weil der Mechanismus für Raubvogelflucht aktiviert wurde.

Wird ein Tier derart in die Enge getrieben, daß ihm jede Möglichkeit zur Flucht fehlt, so greift es den Feind an. In diesem Fall ist „Angriff die beste Verteidigung", denn jedes Tier und auch jeder

Mensch braucht einen bestimmten Individualabstand. Wird diese Distanz unterschritten, reagieren Tiere und oft auch Menschen mit Angriffen. Kommt der Dompteur im Zirkus dem Tiger zu nahe, wird das Tier angreifen. Auch in die Enge getriebene Menschen reagieren ähnlich. Menschen in überfüllten Straßenbahnwagen oder Autofahrer im Kolonnenstau beginnen scheinbar unmotiviert zu (re)agieren, wobei verbale Beschimpfungen wohl noch die harmloseste Form des Angriffs sind!

Wehrlose Tiere ohne mechanischen Schutz schaffen sich oft Gehäuse an. Einsiedlerkrebse beziehen leere Schneckenhäuser, Tintenfische bewohnen Muschelschalen. Manche Tiere, wie etwa Chamäleon oder Krake, passen sich durch schnellen Farbwechsel optimal, fast unsichtbar, an die Umgebung an. Auch Formanpassungen schützen vor dem Feind. Stabheuschrecken etwa sind von kleinen Ästchen kaum zu unterscheiden.

Etliche Insekten wehren Angriffe durch Verspritzen chemischer Gifte ab. Andere Tiere schützen sich durch „Tarntrachten". Brütende Vogelweibchen sind farblich kaum von ihrer Umgebung zu unterscheiden, junge Hasen kauern farblich angepaßt und ohne Eigengeruch in ihrer Wohnmulde (Sasse), das Hermelin wechselt im Winter die Fellfarbe.

Eine besondere Form der Feindabwehr ist die Schwarmbildung. Der Räuber hat Schwierigkeiten, ein Einzeltier in einem Schwarm zu fixieren und herauszufangen. Sein Zielmechanismus wird verwirrt (Konfusionseffekt). Im Versuch fing ein Habicht aus einem Schwarm weißer Tauben die einzige schwarze heraus, weil er diese gut fixieren und im Auge behalten konnte. Aus einem einheitlichen Schwarm sprengt der Jäger durch Scheinattacken ein einzelnes Tier heraus und erlegt es. Meist erbeutet er alte, schwache oder kranke Tiere und dient damit der Gesunderhaltung der Art.

Diverse Brutfürsorgehandlungen dienen ebenfalls als Schutz. Buntbarsche gehören zu den Maulbrütern und sammeln bei Gefahr ihre Brut mit dem Maul ein. Vögel locken den Feind vom Nest weg. Möwen brüten in Kolonien und erschweren durch gemeinsame Abwehr das Eierstehlen.

Gleich und gleich gesellt sich gern

Artgenossen sind einerseits Konkurrenten, da sie einander Territorium, Nahrung und Geschlechtspartner streitig machen. Andererseits aber Partner bei der geschlechtlichen Fortpflanzung und selten bei der Jungenaufzucht.

Viele Tierarten streben den sozialen Kontakt mit Artgenossen an. Tiere in weiten offenen Gebieten (Steppe, Hochsee) schließen sich oft zu großen Gruppen zusammen, während Bewohner dekkungsreicher Biotope eher kleine Gruppen bilden.

Das Leben in Partnerschaften oder größeren Gruppen ist zumeist für alle Beteiligten von Vorteil. Die einfachste und häufigste Form eines Zusammenschlusses ist die Paarung der Geschlechtspartner. Männchen und Weibchen sind bestrebt, nur den besten Partner auszuwählen. Weibchen bevorzugen ranghohe, ausdauernd balzende oder besonders bunt gefärbte Männchen. Bei Vögeln spielt das Gesangsrepertoire eine große Rolle.

Je länger ein Weibchen ein Männchen „hinhält", desto kostbarer wird es für das Männchen. Die weibliche Sprödigkeit zwingt den Partner zu Vorleistungen wie intensiver Balz oder Nestbauen. Das Männchen investiert also in die Partnerbindung (Energie), was in weiterer Folge zu einer starken Bindung der Partner führt. Solche Bindungen dauern bei manchen Tieren ein Leben lang, denn ein Verlassen des Partners würde zwangsläufig zu neuerlichen Investitionen (Balzen, Nestbauen) führen. Lebenslange Bindungen kennt man von einigen Vögeln (Graugans) und Säugern (Schakalen).

Viele Männchen leben nach der Balz- und Paarungszeit wieder als Einzelgänger (Tiger) oder in Männerhorden (Elefanten) und überlassen die Aufzucht der Jungen dem Muttertier.

Bei vielen Vogelarten erfolgt die Aufzucht der Jungen bei knappem Nahrungsangebot durch beide Eltern, bei gutem Nahrungsangebot durch die Mutter alleine.

Bei Säugern zieht die Mutter die Jungen üblicherweise alleine auf, da sie durch das Säugen von einem nahrungsbeschaffenden Männchen unabhängig ist. Daher findet man bei Säugern vorwiegend Mutterfamilien und Polygamie (Vielehe, Vielweiberei). Nur bei wenigen Säugern, wie zum Beispiel Schakalen und Krallenäffchen, sind die Elterntiere monogam, in Einehe verbunden und kümmern sich gemeinsam um die Aufzucht der Jungen.

Ausschließlich väterliche Brutpflege ist äußerst selten und nur von einigen Vögeln (Wachtelhühnchen, Wassertreter) und Fischen (Seepferdchen, Stichling) bekannt.

Aber nicht nur zum Zweck der Fortpflanzung oder der Jungenaufzucht schließen sich Tiere zusammen, sondern auch zum Schutz vor klimatischen Einflüssen. Salamander überwintern in großen Gruppen in Erdhöhlen und schützen sich so relativ gut vor dem Erfrieren. Asseln ballen sich massenweise zusammen und erhalten dadurch die lebensnotwendige Feuchtigkeit.

Jede Gruppenform bietet, wie schon erwähnt, auch Schutz vor dem Freßfeind. Solche Schutzverbände bestehen manchmal nur sehr kurze Zeit (Jungfischschwarm), manchmal aber auch lebenslang (Heringsschwarm). Vögel (Pinguine) schließen sich zu Brutkolonien zusammen, die vor Feinden und Kälte schützen. Delphine umkreisen gebärende Artgenossinnen, um sie vor Haien abzuschirmen. Sie transportieren Neugeborene oder auch verletzte Artgenossen zum Atmen an die Wasseroberfläche.

Die Gruppenbildung erleichtert aber auch die Jagd. Räuber wie Wölfe, Hyänenhunde oder Löwen, aber auch Stachelmakrelen bilden Jagdverbände und verschiedene Strategien, um erfolgreicher und sicherer zu jagen.

Der Zusammenschluß mehrerer Tiere ermöglicht auch eine Arbeitsteilung. Bei sozialen Insekten, wie Bienen, Ameisen oder Termiten, ist sie am deutlichsten ausgeprägt: Einige Weibchen (manchmal nur noch ein einziges) sind auf die Erzeugung von Nachkommen spezialisiert. Die anderen Weibchen sind unfruchtbar und erfüllen zahlreiche Aufgaben, wie die Aufzucht der Jungen, Beschaffung der Nahrung oder Reinhalten des Stockes. Diese Arbeitsteilung ermöglicht das Funktionieren des Staates, der Staat ermöglicht das Überleben der spezialisierten Einzeltiere. Männliche Bienen (Drohnen) können sich nicht selbständig ernähren, sie werden von den Arbeiterinnen gefüttert. Ihre einzige Aufgabe ist die Begattung der Königin beim Hochzeitsflug. Danach werden sie nicht mehr gefüttert und aus dem Stock geworfen.

Die größten Staaten bilden Termiten mit bis zu 22 Millionen Tieren, die der Bienen (70.000), Ameisen (2—3 Millionen) und Wespen (einige Tausend) sind etwas kleiner. Alle Mitglieder eines Staates erkennen einander am stockeigenen Duft und schließen anders duftende aus.

Bei Säugetieren sind Staatenbildungen vorläufig nicht zu beobachten. Nur beim Menschen zeigt sich sogar eine Entwicklung zur Hypersozialität. Individualitäten gehen in einem höheren Ganzen auf und verzichten sogar auf Fortpflanzung. Außerdem kommt es zur Arbeitsteilung. Die Gruppenbildung des Menschen ist aber wesentlich komplizierter als die der staatenbildenden Insekten und daher nur bedingt vergleichbar.

Die Mitglieder einer Gruppe beeinflussen einander ständig. In Gruppen gehaltene Tiere fressen besser als einzeln lebende. Auch Menschenkindern schmeckt das Essen in der Schar besser. Die Gegenwart eines Männchens beschleunigt das Heranreifen der Gonaden (Keimdrüsen) des Weibchens.

Wird eine Gruppe zu groß, kommt es zur Übervölkerung, das einzelne Tier ist durch Nahrungsverknappung und Raummangel gefährdet. Negative Entwicklungen wie Streß und dadurch oft herabgesetzte Fruchtbarkeit sind die Folgen. Der Streß führt zu einem Populationszusammenbruch noch bevor die Nahrung knapp wird. Gestreßte Tiere (gut erforscht sind Ratten, Sikahirsche, Kaninchen und Spitzhörnchen) zeigen abnorme Verhaltensweisen. Bei Spitzhörnchenweibchen werden die Milchdrüsen reduziert. Die Jungen werden nicht mehr markiert und daher nicht mehr als gruppenzugehörig erkannt und von anderen Gruppenmitgliedern gefressen. Bei gestreßten Wildkaninchen lösen sich die Embryonen auf. Ratten betreuen ihre Jungen mangelhaft oder gar nicht mehr.

Alle oben beschriebenen Verhaltensweisen reduzieren die Bevölkerungsdichte wieder auf jenes Maß, das für die Gruppe vorteilhaft ist.

Vielen Säugern, vor allem aber dem Menschen mangelt es an Mechanismen, die eine Verringerung der Vermehrungsrate vor dem Zusammenbruch des Sozialsystems ermöglichen. Für viele Menschen der Dritten Welt ist eine große Kinderschar noch immer die einzige Versicherung fürs Alter, und da die Säuglingssterblichkeit sehr hoch ist, werden viele Nachkommen produziert. „Nicht die Gefahr des Hungers, sondern die Zersetzung der tragenden und ordnenden sozialen Strukturen durch die Übervölkerung bedroht unsere Zukunft.“ (*Autrum*, 1966)

Viribus unitis — Gemeinsamkeit macht stark

Ein echter Verband kann nur entstehen, wenn Tiere der gleichen Art einander durch Duft, Gesang oder besondere optische Merkmale attraktieren und ansprechen.

Bei manchen Tieren erfolgt die Bindung über die gemeinsame Aufzucht der Jungen, bei anderen durch autochthone, selbständige Bindungstriebe. Das Männchen der Harlekingarnele etwa sitzt gerne in der Nähe eines bestimmten Weibchens, ohne dieses aber zu berühren und ohne sexuelle Motivation. Entfernt man das Weibchen, so sucht das Männchen nach ihm. Offenbar wird es durch einen vorläufig nicht genau erklärbaren Bindungstrieb motiviert.

Um eine Gruppenbildung zu ermöglichen, müssen die Aggressionen der artgleichen Tiere untereinander unterdrückt werden.

Jede Form von Angriffsverhalten und alle Verhaltensweisen, die zu einer Vorherrschaft (Dominanz) führen, können als aggressiv bezeichnet werden, auch wenn keine körperliche Beschädigung erfolgt.

Die innerartliche Aggression, also jene, die zwischen Tieren der selben Art stattfindet, hat verschiedene Aufgaben. Territorien werden durch aggressive Handlungen abgegrenzt, in Rivalenkämpfen wird der Stärkere ermittelt, Rangordnungen werden bestimmt, Kinder werden durch elterliche Aggression erzogen. Auch die Bindung an den Partner wird gegen Konkurrenten verteidigt.

Die wichtigste Aufgabe der Aggressivität ist aber das Durchsetzungsvermögen gegenüber anderen, um das eigene Leben zu erhalten und die eigenen Erbanlagen weiterzugeben.

Da die Ursachen der Aggression nicht so deutlich sind wie ihre Auswirkungen, gibt es mehrere Erklärungsmodelle für die Aggression:

1. Vertreter der *Lerntheorie* nehmen an, daß aggressives Verhalten erlernt wird. Diese Theorie wurde durch zahlreiche Versuche „bestätigt“, Kindern wurden aggressive und friedliche Modelle vorgeführt. Im freien Spiel ahmten die Kinder beide Modelle nach. Aggressive Mausmännchen wurden durch Kampferfolge noch aggressiver. Zog man sie gemeinsam mit Weibchen auf und wurden sie täglich gestreichelt, legten sie ihre Aggressionen ab. Die Versuche zeigten, daß Kampferfolge aggressiver machen, Niederlagen dagegen aggressionsdämpfend wirken.

2. Die *Frustrations-Aggressions-Hypothese* stellt die Aggression in den Dienst anderer Triebe. Aggression tritt immer dann auf, wenn das Tier an der Erreichung eines Zieles gehindert wird und seine Triebe nicht ausleben kann. Es ist frustriert und

überwindet das Hemmnis durch Aggression. Aggression wäre demnach Reaktion auf eine „Enttäuschung“.

3. Das *dynamische Instinktkonzept* (vertreten von Sigmund Freud und Konrad Lorenz) sieht die Aggression als Instinkt mit innerer Erregungsproduktion und entsprechendem Appetenzverhalten. Die Aggression kann durch bestimmte Schlüsselreize aktiviert werden. Diese Theorie steht zwar im Widerspruch zu den vorhergenannten, konnte aber durch Versuche ebenfalls erhärtet werden.

4. Das *ethologische Interaktionsmodell* berücksichtigt zwar die Triebdynamik der Aggression, betrachtet aber den stammesgeschichtlich entwickelten Antrieb nicht als den einzig möglichen. Die Aggression wird auch als Reaktion betrachtet, deren Antrieb motorisch oder rezeptorisch erfolgen kann.

Dieses Modell betont vor allem die Wechselbeziehung von Angeborenem und Erworbenem. An isoliert aufgezogenen Tieren konnten Bewegungen der innerartlichen Aggression beobachtet werden, die darauf schließen lassen, daß sie stammesgeschichtlich entwickelt wurden, also angeboren sind. Viele Aggressionsbewegungen reifen aber erst in einem bestimmten Lebensalter heran. In Versuchen mit Mäusen konnte das Heranreifen aggressiver Verhaltensweisen durch Strafreize verzögert, durch Nahrungsentzug beschleunigt werden. Es gelang sogar, durch gezielte Kreuzungen besonders aggressive oder besonders friedliche Mäusestämme heranzuzüchten. Ein Hinweis auf die genetische Veranlagung der Aggression.

Aggressionsdrang kann durch Provokation aufgebaut und durch einen aggressiven Akt abreagiert werden. Die so herbeigeführte Entspannung dauert aber üblicherweise nur kurz an. Oftmaliges, regelmäßiges Entladen aggressiver Impulse bewirkt ein immer aggressiveres Verhalten des Tiers. Ebenso kann der Aggressionstrieb verkümmern, wenn über längere Zeit hinweg keine Möglichkeit zum Abreagieren besteht.

Zusammenfassend muß darauf hingewiesen werden, daß die aus Tierversuchen und Tierbeobachtungen gewonnenen Ergebnisse der vergleichenden Verhaltensforschung zur Aggression nicht kritiklos auf den Menschen übertragen werden dürfen. Weder die frustrationslose Erziehung noch die totale Unterdrückung jeglicher Aggression führt zum „glücklichen, angepaßten, unproblematischen" Menschen. Menschen sind auch nicht durch Erziehung (Dressur) in jede beliebige Form zu bringen, da das menschliche Verhalten nicht nur von Emotionen bestimmt wird, sondern auch vom Verstand, der Ratio.

Die innerartliche Aggression wird durch verschiedene Mechanismen unterbunden. Jungtiere sind vor allem durch das schon beschriebene Kindchenschema geschützt. Merkmale wie hohe Stirn und große Augen hemmen den Aggressor und lösen Brutpflegehandlungen aus. Andere Tiere, wie etwa junge Hühnchen, produzieren aggressionshemmende Laute. Zusätzlich verfügen viele Tiere über Beschwichtigungszeremonien, die als Aggressionspuffer dienen. Bettelgesten und andere Verhaltensmuster von Jungtieren, sogenannte Infantilismen, Präsentierbewegungen (etwa Zurschaustellen einer Körperregion), Verhaltensweisen der Brutpflege und der Sexualität wirken beschwichtigend und aggressionshemmend.

Eine Rangordnung wirkt ebenfalls neutralisierend auf die innerartliche Aggression und vermeidet ständige Reibereien innerhalb der Gruppe. Sie regelt das Zusammenleben der Tiere eines individualisierten Verbandes.

Das Phänomen der Rangordnung wurde erstmals von Th. *Schjelderup-Ebbe* (1922) an Hühnern beobachtet und als Hackordnung bezeichnet. Die Rangordnung wird durch gelegentliche Kämpfe innerhalb der Gruppe festgelegt und über längere Zeit beibehalten. Durch die Rangordnung wird bestimmt, wer als α-Tier das Rudel anführt und wer als Ω-Tier von allen „gepeckt“ werden darf. Ein kurzes Drohen eines Ranghohen weist „übermütige“ Rangniedere sofort in ihre Schranken und macht weitere Kämpfe unnötig.

Ist eine Rangordnung nur auf Aggression begründet, so bezeichnet man sie als Dominanzbeziehung. Ordnungen dieser Art finden sich bei Hühnern, anderen Vögeln und etlichen Säugetieren.

Bei höheren Säugetieren spielt die Aggression für die Ausbildung einer Rangordnung nur eine untergeordnete Rolle. Wesentlich wichtigere Faktoren sind Organisationstalent, Mut, Schlichten von Streitereien innerhalb der Gruppe, Feindabwehr und Beschützen der Schwachen. Alles Fähigkeiten, die Erfahrung und Intelligenz voraussetzen und zumeist erst bei älteren Tieren voll entwickelt sind. Solche Rangordnungen bezeichnet man als Führungsverhältnisse.

Das ranghöchste Tier (zum Beispiel ein Weibchen bei Gänsen, ein Männchen bei Pavianen, Wollaffen) hat eine Sonderstellung innerhalb der Gruppe. Es genießt einerseits besondere Vorteile wie den Vortritt am Futterplatz, darf als erstes kopulieren und den besten Schlafplatz beziehen. Es hat aber auch besondere Aufgaben und Verantwortungen, muß das Revier erkunden, die Gruppe vor Freßfeinden schützen, Rangniedere vor Aggressionen anderer beschützen. Immer aber steht es im Mittelpunkt des Gruppeninteresses.

Eine Rangordnung funktioniert nur dann, wenn sich einige Mitglieder Autorität gegenüber anderen verschaffen können. Die Rangniederen müssen aber auch zur Unterwerfung bereit sein und die Ordnung anerkennen.

Durch die Entwicklung von Normen wird eine weitere Harmonisierung der Gruppe erreicht. Rangniedere Tiere, die Beute gemacht haben, können diese auch in Anwesenheit der Ranghöheren ungestört verzehren (Priorität des Erstbesitzers).

Das Teilen von Nahrung wirkt besonders bindend. Der Schimpanse teilt seine Beute mit anderen und verstärkt dadurch das Band zum Nehmenden. Dieses Ritual ist auch bei Naturvölkern auf der Sammler- und Jägerstufe und bei Kindern zu beobachten. Beim Menschen kann das an sich gruppenbindende Geben und Nehmen ausarten und zu Abhängigkeiten führen. Schuldgefühle zwingen den Beschenkten zu Dankbarkeit.

Alle geselligen, also in Gruppen lebenden Tiere zeigen ein deutliches Anschlußbedürfnis und verfallen in Apathie, wenn man sie von ihrer Gruppe trennt. Vom Schwarm abgetrennte Tiere werden von Artgenossen wieder zurückgeholt oder sie kommen von selbst wieder zum Schwarm zurück.

Gesellig lebende Tiere teilt man in Distanztiere und Kontakttiere ein. Distanztiere, wie Stare oder Schwalben, meiden trotz des vorher beschriebenen Anschlußbedürfnisses den direkten körperlichen Kontakt mit Gruppenmitgliedern. In Brutkolonien von Pinguinen oder Kormoranen sitzen die Vögel immer in Hackdistanz. Kontakttiere, etwa Schwanzmeisen, Goldhähnchen oder Schimpansen hingegen schmiegen sich oft in engstem körperlichen Kontakt aneinander.

Kontakttiere betreiben auch ausgeprägte soziale Hautpflege, die durch eine eigene, starke Motivation ausgelöst wird. Die schon erwähnte britische Biologin Jane Lawick-Godall erkannte die Bedeutung des „grooming“ bei Schimpansen. „Es dient nicht, wie früher interpretiert, der Körperpflege und dem Entfernen von Läusen, sondern vorwiegend dem Sozialkontakt. Fehlt dieser Körperkontakt (etwa im Zoo), werden die Tiere scheu, weinerlich, apathisch und extrem unruhig. Die körperliche und geistige Entwicklung ist stark gehemmt.“

Auch Menschenkinder, die ohne körperliche Zuwendung aufwachsen, zeigen ähnliche Verhaltensstörungen (Hospitalismus).

Vom Werden der Geselligkeit

Die vorher erwähnten Möglichkeiten der Bindungen lassen auf heterogene, uneinheitliche und mehrfache Entstehung der Geselligkeit schließen, die auch nachweisbar ist.

- *Bindung durch Angst:* viele Tiere fliehen bei Gefahr zu einem Artgenossen, einem Ranghöheren oder der Mutter. Strafreize bekräftigen diese Fluchttendenz.
- *Sexuelle Bindung:* Der Geschlechtstrieb ist einer der ältesten Triebe, der Partner einander zuführt. Er dient bei Tieren aber selten der tatsächlichen Paarbindung. Beim Menschen allerdings spielt die geschlechtliche Bindung dabei eine äußerst wichtige Rolle. Die Frau hat im Gegensatz zu anderen weiblichen Säugetieren keine spezielle Brunftzeit und ist wie der Mann orgasmusfähig. Nach Irenäus Eibl-Eibesfeldt ist die Frau „physiologisch" ständig für die sexuellen Triebwünsche des Mannes bereit und kann daher den Mann durch sexuelle „Belohnung", den Orgasmus, an sich binden. Jeder Orgasmus wirkt auch auf die Frau verstärkend und festigt daher die Bindung. Beim Menschen dient der Sexualakt also nicht nur der Zeugung, sondern vor allem auch der Partnerbindung. Ein von der katho-

lischen Kirche gefordertes Verbot jeglichen Geschlechtsverkehrs, der nicht der Zeugung dient, mißachtet dieses Faktum völlig.

• *Bindung durch abgeleitete Brutpflegehandlungen:* Vögel und Säuger haben ein großes Repertoire an Freundschaftsgesten wie Hautpflege, Fütterungszeremonien und davon abgeleitete Grußrituale, die allesamt von Brutpflegehandlungen ableitbar sind und der Gruppenbindung dienen.

• *Bindung über Aggression:* Die Aggression ist stammesgeschichtlich wesentlich älter als die individualisierte Bindung. Fast alle heute lebenden Reptilien „sind aggressiv und böse“ (Konrad Lorenz), nur von Knochenfischen, Vögeln und Säugern kennt man individualisierte Bindungen. Da diese Gruppen erdgeschichtlich wesentlich jünger sind als die Reptilien, formuliert Konrad Lorenz: „Es gibt also sehr wohl intraspezifische Aggression ohne ihren Gegenspieler, die Liebe, aber es gibt keine Liebe ohne Aggression.“ Die gruppenbindende Wirkung der Aggression ist allerdings nur von Tieren mit Brutpflege bekannt. Es ist daher zu bezweifeln, daß Aggression alleine gruppenbindend wirkt.

Mehr als zwei sind eine Gruppe

• *Aggregationen* sind Ansammlungen von Tieren, die von einer bestimmten Umweltgegebenheit angezogen werden. Tiergruppen an Tränken, Mükkenschwärme um Lichtquellen oder Asseln unter feuchten Steinen wären Beispiele für Aggregationen. In keinem Fall liegt dabei soziale Attraktion, wie ein bestimmter Gruppenduft oder persönliches Kennen, vor.

- *Anonyme Verbände* bestehen aus Tieren, die durch bestimmte Merkmale zusammengeführt werden. Die Gruppenmitglieder kennen einander nicht persönlich, daher spricht man von anonymen Verbänden. In *offene* anonyme Verbände (etwa Fischschwärme) werden jederzeit Artgenossen aufgenommen, wenn sie die typischen, artspezifischen Signale aufweisen. In geschlossenen anonymen Verbänden kennen die Gruppenmitglieder einander zwar nicht individuell. Aber der Gruppenduft, der etwa bei Ratten und Mäusen durch gegenseitiges Markieren mit Harn zustande kommt, macht ein Erkennen der Mitglieder möglich. Auch Bienen und Ameisen haben einen gruppenspezifischen Duft. Artgenossen mit anderem Duft werden ausgeschlossen.
- *Individualisierte Verbände* können nur dann entstehen, wenn die Mitglieder einander persönlich kennen. Dies setzt aber eine bestimmte Lernfähigkeit voraus, die gleichzeitig auch die Größe des Verbandes begrenzt. Das Tier kann sich nur eine bestimmte Anzahl von Individuen merken. Der Ursprung des individualisierten Verbandes liegt in der Großfamilie.

Das Funktionieren einer solchen Gruppe wird durch die Rangordnung und verschiedene Arten der Kommunikation ermöglicht.

Zwitschern, duften, brüllen, tanzen – Kommunikationsarten im Tierreich

Um mit Artgenossen in Kontakt zu kommen, um sich mit ihnen zu verständigen, gibt es verschiedene Methoden, die optischer, akustischer oder olfaktorischer, duftender Natur sind.

Lautäußerungen, die der Gruppenbindung dienen, werden als Stimmfühlungslaute bezeichnet. Besonders deutliche Lautäußerungen sind die Gesänge der Vögel, die oft als Duett von Männchen und Weibchen abwechselnd gesungen werden. Viele Tiere erkennen ihre Partner oder Jungen an der individuellen Stimme.

Lautäußerungen schützen als Warnrufe die anderen Gruppenmitglieder vor Feinden oder anderen Gefahren. Der Warnpfiff des Murmeltiers oder des Eichelhähers sind bekannte Beispiele.

Duftstoffe spielen bei der Verständigung der Tiere ebenfalls eine wichtige Rolle. Sie kennzeichnen die Mitglieder einer Gruppe, locken Sexualpartner an oder markieren ein Revier. Die Pheromone der Bienenkönigin verhindern das Heranreifen weiterer Königinnen. Elritzen und manche wasserlebende Schnecken werden durch Duftstoffe verletzter Artgenossen vor Feinden gewarnt.

Duft beeinflußt auch das menschliche Leben sehr stark. Hunderte von Parfums wurden kreiert, um den individuellen Körpergeruch zu überdekken, um die Verführungskunst zu unterstützen. Menschen, die uns unangenehm sind, „können wir nicht riechen“, ein Skandal „stinkt zum Himmel“!

Eine hochspezialisierte Art der Kommunikation haben die Honigbienen entwickelt, die von Karl von *Frisch* (1886—1982, österreichischer Zoologe, 1973 Nobelpreisträger) erstmals beschrieben wurde. Durch bestimmte Tänze, die zumeist im Stockinneren auf den senkrechten Waben getanzt werden, informieren die Bienen ihre Stockgenossinnen über Art, Standort und Entfernung einer Futterquelle. Auch die Windrichtung, Windstärke und der Stand der Sonne werden mitgeteilt.

Bei höher entwickelten Säugetieren dient auch die Mimik zur Verständigung. Egal, ob ein Mensch die Sprache eines anderen versteht oder nicht, sein Gesichtsausdruck läßt meist keinen Zweifel über seine Gefühle. Überall auf der Welt wirkt ein Lächeln aggressionshemmend, wie sehr genaue Untersuchungen von Irenäus Eibl-Eibesfeldt zeigen.

Die menschliche Sprache, die im gesamten Tierreich keine Entsprechung hat, ist wohl das komplizierteste Kommunikationsmittel. Die Muttersprache wird durch akustisches Nachahmen erlernt. Das Erlernen einer bestimmten Sprache ist kulturabhängig und nicht erblich bedingt. Mit Hilfe der Sprache setzen wir Gedachtes in Hörbares um, das durch die Schrift auch weitergegeben werden kann.

Das Territorium

Reviere oder Territorien sind Gebiete, in denen Tiere Nahrung suchen, Nester bauen, Höhlen bewohnen und sich fortpflanzen. Je nachdem, welchem Zweck das Revier dient, unterscheidet man verschiedene Typen. Brutreviere werden nur während der Aufzucht der Jungen besetzt, Nahrungsreviere hingegen ständig bewohnt.

Reviere werden entweder von Einzeltieren, Paaren oder ganzen Gruppen besetzt. Durch Kämpfe zwischen Artgenossen werden die Reviergrenzen festgelegt und in weiterer Zukunft nur noch gegen Übergriffe von Artgenossen verteidigt. Artfremde werden nicht bekämpft, da sie andere Ansprüche (bezüglich Futter oder Wohnstellen) an den Lebensraum stellen und daher keine Bedrohung darstellen.

Meist genügt aber das Markieren des Territoriums, um das Eindringen eines anderen zu verhindern. Die Markierung erfolgt entweder durch das Setzen von Duftmarken aus bestimmten Drüsen oder durch Harn- und Kotmarken. Bären scheuern an Bäumen und hinterlassen damit sowohl gut sichtbare Scheuerstellen als auch geruchliche Marken. Vögel begrenzen ihr Gebiet meist durch spezifische Reviergesänge.

Innerhalb des eigenen Reviers können sogar schwächere Tiere stärkere verjagen. Der Eindringling zeigt hohe Fluchtbereitschaft, während der Revierbesitzer eine Art „Heimvorteil“ genießt. Je näher ein Artgenosse sich an das Zentrum des Reviers heranwagt, desto heftiger verteidigt es der Besitzer. Auch Menschen haben Reviere, Bett, Zimmer, Wohnung, Haus, Garten, Staat. Türen grenzen uns gegen Eindringlinge ab, Zäune gegen Unbefugte, Grenzen gegen „Fremde“.

Alle Anpassungen, die dem Organismus eine positive Energiebilanz gewährleisten, dienen nicht nur dem Schutz des eigenen Lebens, sondern der Arterhaltung. Die Bildung von Gruppen bringt wichtige Vorteile für das Einzeltier und ist von vielen Tieren (Insekten, Fischen, Vögeln oder Säugern) bekannt. Je höher die Tiere entwickelt sind, desto komplizierter kann die Gruppe aufgebaut sein. Erst das persönliche Kennen der Gruppenmitglieder ermöglicht die höchste Form der Gruppenbildung, den individualisierten Verband. Die Verständigung der Tiere erfolgt durch Laute, Düfte oder besondere optische Merkmale. Viele Organismen verteidigen bestimmte Zonen eines Gebietes als ihr Territorium, ihr Revier, gegen Artgenossen. Die Grenzen der Reviere werden durch Kämpfe fixiert und durch Scheuermale oder Duft markiert.

Der Sonderfall Mensch

Der Mensch nimmt in der Natur eine Sonderstellung ein. Merkmale wie Weltoffenheit, Neugier, Universalität, Sprache, Kultur, Selbstkontrolle, Moral, künstlerische Begabung und Kreativität sowie die Fähigkeit, Politik zu betreiben und Kriege zu führen, zeichnen den Menschen nicht immer vorteilhaft gegenüber anderen Tieren aus.

Biologisch zählt der Mensch zur Klasse der Säugetiere und der Ordnung der Primaten (Herrentiere). Es gibt nur eine biologische Art, den Homo sapiens, den sogenannten Vernunftbegabten, den Weisen! Die Ausbildung verschiedener Rassen (der drei Großrassen: Mongolide, Negride, Europide und diverser Kleinrassen) ist umweltbedingt und äußert sich in unterschiedlichen morphologischen (Hautfarbe, Gesichtsform) und physiologischen (Blutgruppen) Merkmalen.

Die Humanbiologie ist eine sehr junge Wissenschaft (als Forschungszweig seit Mitte des 20. Jahrhunderts), die sich anfangs hauptsächlich damit beschäftigte, wieweit Erkenntnisse über tierisches Verhalten für das Verständnis menschlichen Verhaltens dienen könnten und wieweit Verhaltensmuster vergleichbar sind.

„Wenn es überhaupt irgendwelche Instinkte beim Menschen gibt, bestehen sie vielleicht in der automatischen Reaktion auf ein plötzliches lautes Geräusch oder das Wegziehen einer Stütze; im übrigen hat der Mensch keine Instinkte.“ (M. F. *Mon-*

tagu, 1962). Diese und ähnliche Aussagen führten zur Milieutheorie, die menschliches Verhalten nur als Ergebnis gesellschaftlicher Einflüsse sieht und angeborenes Verhalten ignoriert (Behaviorismus). Stimmte dies tatsächlich, könnte man jeden Menschen durch entsprechende Erziehung (Manipulation) zur Marionette machen.

Im Gegensatz dazu steht die Humanethologie, die menschliches Verhalten als stammesgeschichtliche Entwicklung und Anpassung an die Umwelt betrachtet. Wieweit ist ursprünglich angepaßtes Verhalten unter den Bedingungen der Massengesellschaft noch nützlich? Wirken sich „alte" Verhaltensweisen nachteilig aus? Ist erblich programmiertes Verhalten durch gesellschaftliche Einflüsse und/oder persönliche Entscheidungsfreiheit veränderbar? Welcher kultureller und geistiger Leistungen sind Menschen fähig? Was sind die unmittelbaren Ursachen menschlichen Verhaltens? Alles Fragen, die die Humanethologie zu beantworten versucht. Fragen, die nicht einfach zu beantworten sind, da Untersuchungen des menschlichen Verhaltens noch komplizierter sind als die des tierischen. Außerdem sind die Ursachen, die die unterschiedlichen Verhaltensweisen hervorrufen, äußerst vielfältig. Viele Experimente (Isolation, Elektroschock) müssen aus ethisch-moralischen Gründen unterbleiben.

Das menschliche Verhalten wird durch drei Parameter bestimmt: die ererbten Dispositionen (Veranlagungen), die gesellschaftlichen Normen und die persönlichen Entscheidungen.

Kulturvergleiche können weiterhelfen

Eine Methode der Humanethologie ist der Vergleich mit tierischem Verhalten. Treten bei verschiedenen Tiergruppen und beim Menschen ähnliche Verhaltensweisen wie die Wutmimik oder das Freundlichkeit zeigende „Mund-offen-Gesicht“ auf, so kann man annehmen, daß es sich um eine entstehungsgleiche, homologe Entwicklung handelt. Die Verhaltensweise ist im Erbgut gespeichert und wurde im Laufe der Stammesentwicklung erworben.

Eine andere Methode ist der Vergleich verschiedener Kulturen. Treten bei Menschen unterschiedlicher Kulturen ähnliche Verhaltensmuster auf, so ist eine genetische, also erbliche Programmierung der Verhaltensweise anzunehmen. Die Berechtigung zu dieser Annahme steigt, wenn das Verhalten in vielen verschiedenartigen Kulturen auftritt, sich in relativ ursprünglichen Kulturen findet und die untersuchten Kulturen keinen unmittelbaren Kontakt zueinander hatten.

Ein Beispiel einer kulturvergleichenden Analyse ist der „Augengruß“. Ein kleines Lächeln, ein kurzes, das Lächeln verstärkende Heben der Brauen und das leichte Senken des Kopfes (nicken) werden weltweit als Gruß, Flirt, Dank, aber auch zum Abschied ausgeführt.

Der Nachweis angeborener Verhaltensweisen beim Menschen gestaltet sich schwierig, da der

Mensch vom Augenblick seiner Geburt (nach anderen Thesen auch schon während der Schwangerschaft) die angeborenen Verhaltensweisen durch Lernen erweitert, ergänzt oder überlagert. Nur bei Neugeborenen und bei Blinden oder Taubblinden kann angeborenes Verhalten beobachtet werden, solange sie ohne Erfahrungen sind.

Das Verhalten Neugeborener besteht fast ausschließlich aus angeborenen Weisen, die aber schon nach einigen Stunden und Tagen durch Gelerntes überdeckt werden. Auch taubblind Geborene, die in völliger Stille und Dunkelheit aufwachsen, zeigen ein vielfältiges Verhaltensspektrum, das nicht erlernt wurde.

Ererbte Bewegungsmuster

Das Verhalten des Neugeborenen besteht hauptsächlich aus Leistungen des Stammhirns und noch nicht, wie bei älteren Säuglingen, aus Leistungen der Großhirnrinde.

Der menschliche Säugling ist zwar von seiner motorischen Hilflosigkeit her ein Nesthocker, auf Grund seines regen Interesses an der Umgebung und der gleichzeitigen Abhängigkeit von der Mutter aber bezeichnet man ihn als „Tragling“ (nach *Hassenstein,* 1960).

In den ersten Tagen nach der Geburt zeigt der Säugling das typische „rhythmische Brustsuchen“, ein seitliches Hin- und Herdrehen des Kopfes, das erst durch die Berührung mit der Brustwarze endet. Das rhythmische Suchen wird schon nach einigen Tagen durch ein gerichtetes Suchen abgelöst. Die Saugmotorik verändert sich ebenfalls innerhalb weniger Tage. Anfangs wird mittels Unterdruck im Mund gesaugt (Pumpsaugen), später arbeiten Zunge und Gaumen beim Saugen.

Nicht nur lebenserhaltende Verhaltensweisen wie Brustsuchen und Saugen sind dem Säugling angeboren, sondern auch das Klammern. Berühren Neugeborene etwas Haariges, so reagieren sie mit dem Klammerreflex. Am Körper eines Erwachsenen schlafende Kleinkinder halten sich an den Kleidern fest. Liegt ein Neugeborenes auf dem Bauch, zeigt es Kriechbewegungen in der Kreuzgangkoordination. Hält man den Säugling aufrecht, sodaß seine Füße die Unterlage berühren, beginnt er zu gehen. Er setzt einen Fuß vor den anderen.

Das Schreiweinen, ein „Ruf des Verlassenseins" (Eibl-Eibesfeldt) und das Lächeln sind angeborene Ausdrucksbewegungen. Durch das Weinen macht das Kind auf seine Einsamkeit, sein Unbehagen oder seinen Hunger aufmerksam. Das Lächeln hingegen stimmt andere freundlich und beschwichtigt. Das spontane Lächeln der Säuglinge wird als „Grimassieren" bezeichnet und erst im Laufe der Entwicklung (6.—8. Lebenswoche) durch das „echte Lächeln", das Antwortlächeln, abgelöst.

Grimassieren und Weinen sind auch bei tauben oder blinden Kindern beobachtbar. Blinde Kinder lächeln mit zunehmendem Alter aber immer seltener, da sie das belohnende und daher verstärkende Zurücklächeln einer anderen Person nicht sehen können. Wenn die Rückmeldung, das Feedback ausbleibt, verkümmert die Aktion des Lächelns. An der Häufigkeit des Weinens blinder Kinder wurde keine Änderung festgestellt, außer der altersbedingten Verringerung. Das Weinen ist also von einem Feedback unabhängig.

Erstaunlicherweise ist auch das Verbergen des Gesichts bei Verlegenheit eine angeborene Verhaltensweise. Selbst Blindgeborene verbergen ihr Gesicht hinter der Hand, wenn sie verlegen sind.

Das Mund-zu-Mund-Füttern von Kleinkindern ist in allen ursprünglichen Kulturen verbreitet. Beim Berühren der Lippen öffnet der Säugling den Mund, und die Mutter schiebt ihm vorgekauten Nahrungsbrei hinein. Aus dieser Art des Fütterns hat sich der universell verbreitete Kuß entwickelt.

Drohverhalten durch Mimik (Zähnezeigen) und Aufrichten der Restbehaarung an Schultern und Armen (Größerwerden) erkennbar, ist ebenfalls ein angeborenes Verhalten. Raufereien beginnen oft mit Ärmelaufkrempeln, einer breitbeinigen Drohstellung und „Aufplustern" der Kontrahenten. Man droht durch die Größe (beobachtet man auch bei Tieren, etwa die Löwenmähne).

Mit der Faust auf den Tisch schlagen oder mit dem Fuß stampfen sind umorientierte Bewegungen des Angreifens.

Als Pendant zum Drohen gibt es das Beschwichtigungsverhalten. Der Bedrohte verringert seine Größe durch gebeugte Haltung und senkt überdies den Blick, was beim Angreifer üblicherweise Aggressionshemmung auslöst.

In Konfliktsituationen werden, wie auch bei Tieren, Übersprungshandlungen gezeigt. Manche davon sind angeboren, wie etwa das sich Kratzen, Reiben der Augen, Bartstreichen oder Haarezurückstreichen, andere, wie Zigaretteanzünden, Krawattezurechtrücken oder ständiges Hantieren mit dem Kugelschreiber sind erlernt. Eine besondere Art der Konfliktlösung ist das Übersprungsschlafen oder -gähnen, das häufig vor Prüfungen auftritt, aber auch im Krieg vor Sturmangriffen beobachtet wird.

Kein Können ohne Müssen

Nach Ansicht von Konrad Lorenz liegen vielen unserer Denk- und Anschauungsmuster angeborene Auslösemechanismen zugrunde. Ebenso sind angeborene Auslösemechanismen für das soziale Zusammenleben der Menschen von Bedeutung. Mehrere Indizien bestätigen diese Annahme. Sowohl Neugeborene als auch taubblind Geborene reagieren auf süße, saure, oder bittere Geschmacksempfindung mit dem typischen, unverwechselbaren Gesichtsausdruck.

Daß einige Verhaltensweisen des Menschen vorprogrammiert, also erblich bedingt sind, zeigten die amerikanischen Forscher W. *Ball* und F. *Tronick*

(1971) an Babies. Bereits zwei Wochen alte Babies reagierten mit Abwehr, wenn man große Objekte auf sie zubewegte oder durch die Projektion eines symmetrisch größer werdenden schwarzen Flecks denselben Eindruck erweckte. Sie erwarteten nach bestimmten optischen Eindrücken körperliche Berührungen. Sie zeigten im Versuch auch eine angeborene Absturzscheu, sie wichen vor einem vorgetäuschten Abgrund zurück. Ebenso griffen sie nach gesehenen Objekten. Wurde das Objekt tatsächlich ergriffen, blieben die Säuglinge ruhig. Konnten sie ein projiziertes Objekt nicht „begreifen“, reagierten sie mit Unruhe, Pulssteigerung und Weinen. Es liegt offensichtlich eine erfahrungsunabhängige Verbindung von Seh- und Tasteindrücken vor.

Für ererbte Verrechnungsmechanismen spricht auch die Erfahrungsresistenz gegenüber optischen Täuschungen. Immer wieder, auch gegen besseres Wissen, erliegen wir diesen Täuschungen.

Bei Erwachsenen ist der Nachweis wirksamer angeborener Auslöser wesentlich schwieriger als bei Neugeborenen, aber, wie Versuche beweisen, nicht ganz unmöglich. Das Brutpflegeverhalten und die affektive Gesamteinstellung eines Menschen gegenüber einem Kleinkind wird durch das Kindchenschema ausgelöst. Auch Tiere mit entsprechenden Formen, etwa Pekinese, Pudel und Maus, finden unsere Zuneigung.

Teddybären, Puppen und die berühmte Mickey Maus haben sich unter dem Selektionsdruck (Bären mit runderen Formen verkauften sich besser als solche mit natürlicher Gestalt) zum Kindchenschema hin entwickelt. Vergleicht man die ursprüngliche Mickey Maus (lange, dünne Extremitäten, Kopf in normalem Größenverhältnis zum Körper) mit der 50 Jahre später gezeichneten (übermäßig großer Kopf, dickliche Gliedmaßen), so kann man den Gestaltwandel gut erkennen. Die reaktionsauslösenden Reize wurden stark überzeichnet. Auch im Zeichentrickfilm, auf Grußkarten und in der Werbung begegnet man derart „übernormalen Attrappen".

Aber nicht nur das Kindchenschema löst gewisse Verhaltensmuster aus. Auch Mann und Frau haben bestimmte reaktionsauslösende Zonen. Man beurteilt die Mitmenschen mittels angeborener Maßstäbe, die auch bei unterschiedlichen Kulturen gleich sind und durch Attrappenversuche nachweisbar. Der „ideale, schöne" Mann hat breite Schultern und schmale Hüften, starke Muskulatur und kantige Formen. Vor allem die Schultern werden durch die Kleidung stark betont. Im Theater, auf Gemälden oder als Statuen werden Männer immer breitschultrig dargestellt.

Die Frau hat offensichtlich zwei Grundformen, die Männer anziehen. Einerseits die Gestalt der klassischen, schlanken Venus, die die Sexualität anspricht, und andererseits die der wohlbeleibten Venus von Willendorf, die Fruchtbarkeit und damit Arterhaltung symbolisiert. Als typische Reize einer Frau sah man schmälere Schultern und breite Hüften (gebärfreudiges Becken), eine Wespentaille, die durch die Mode zeitweilig überbetont wird, gerundete Brust- und auch Gesichtsformen an. Rote

Wangen und rote Lippen wirken ebenfalls als Auslöser und werden durch das Schminken stark betont (Details unterliegen selbstverständlich der herrschenden Mode). Weitere Auslöser sind lange Beine und ein kleines festes Gesäß.

Man beachte Werbeplakate und Werbespots die unsere Aufmerksamkeit über Sexualauslöser auf das beworbene Produkt lenken. Es bliebe noch zu untersuchen, ob diese „herkömmlichen" Auslöser veränderbar oder konstant sind.

Auch der Geruchssinn spielt eine wesentliche Rolle im Sexualleben des Menschen. Untersuchungen von *Le Magnens* zeigten, daß nur Frauen in der Geschlechtsreife durch Moschussubstanzen erregbar sind. Kinder, Männer und Frauen nach den Wechseljahren sprechen auf derartige Düfte nicht an. Frauen sind vor allem zur Zeit des Eisprungs besonders geruchempfindlich und leicht erregbar.

Aber auch im Sozialleben ist der Geruch von Bedeutung. Kinder erkennen die Mutter am Geruch der Kleidung, Geschlechtspartner erkennen einander am individuellen Geruch.

Akustische Auslöser sind ebenfalls bekannt. Weinende Babies, schluchzende Mitmenschen oder Notschreie alarmieren uns heftig. Aus allen untersuchten Kulturen ist bekannt, daß Erwachsene eine hohe Tonlage wählen, wenn sie zu Babies oder kleinen Kindern sprechen. Babies reagieren auf sehr tiefe Stimmen oft mit Weinen, auf die erhöhte Tonlage mit Lächeln.

Angeborene Auslösemechanismen verursachen das menschliche Bedürfnis nach Deckung und Ausblick. In Restaurants werden ausnahmslos zuerst die Eck- und Wandtische besetzt, dann die freistehenden. Aus diesem Grund werden große Speisesäle oft durch kleine Nischen gemütlicher. Auch Kinder spielen bevorzugt in Nischen, Höhlen oder selbstgebauten „Wohnungen".

Das Wissen um angeborene Dispositionen ist von großer Bedeutung, weil es den gezielten Einsatz bestimmter Erziehungs- und Lernmethoden, aber auch gesellschaftliche Beeinflussungen erst ermöglicht.

Besonderheiten des menschlichen Verhaltens

Wenn das Rangstreben nicht unterdrückt wird, bildet sich in jeder Gruppe von Menschen eine Rangordnung aus, deren Höchster sich meist durch besondere soziale Führungseigenschaften auszeichnet. Rangordnungen funktionieren aber nur, wenn die Gruppenmitglieder bereit sind, sich der Autorität zu unterwerfen. Die Bereitschaft zur Unterordnung ist aber ein spezielles Problem.

Im berühmten MILGRAM-Experiment (Stanley *Milgram,* amerikanischer Psychologe, Experimente 1960—63), mußten Versuchspersonen einem Lernenden für jede falsche Antwort einen Elektroschock verpassen, dessen Intensität mit jedem Fehler gesteigert wurde. Die Versuchspersonen gehorchten dem Versuchsleiter auch dann noch, als die Opfer bereits vor Schmerz schrien. Die Ergebnisse der Versuchsreihen zeigen, daß es sehr vielen Menschen schwerfällt, sich einer Autorität zu widersetzen. Die Geschichte ist reich an Beispielen für Autoritätsgläubigkeit und -hörigkeit und deren Folgen.

In etlichen Kulturen (Islam, Indianer) war (ist) der Rang eines Menschen an das Alter gebunden. Nur Alte konnten genügend Erfahrung haben, um eine Gruppe zu leiten. Man zeigte Ehrfurcht vor dem Alter, der Erfahrung und dem Wissen. Im 19. und zu Anfang des 20. Jahrhunderts galt der Grundsatz „Wissen ist Macht“, der vielfach durch „Geld ist Macht“ abgelöst wurde.

Die Sprache, die Fähigkeit zur Kultur und vor allem die Fähigkeit, sich Ziele zu setzen (auch solche, die unseren angeborenen Neigungen widersprechen), bringen den Menschen in eine besondere Stellung innerhalb des Tierreiches. Da sich seit der Überwindung der Jäger-Sammler-Stufe eine rapide soziale Veränderung vollzogen hat, muß der Mensch ständig gegen seine angeborenen Verhaltensweisen ankämpfen. Menschen sind „von Natur aus“ an ein Leben in der Kleingruppe angepaßt und müssen trotzdem mit den Anforderungen der anonymen Massengesellschaft fertig werden. Die kulturelle Evolution hat die biologische Evolution überflügelt. Genetisch ist der Mensch noch an die vor etwa 10.000 Jahren herrschenden Zustände angepaßt (eiszeitliche Jäger und Sammler, Leben in Gruppen bis maximal 40–60 Menschen). Jeder Einkauf im Supermarkt ist eine Art Jagd.

Dies führt zu ständigen Diskrepanzen, vor allem im Sozialverhalten, die nur durch den Versuch, unsere biologische Natur zu überwinden oder dauernd zu beherrschen, einigermaßen bewältigt werden können. Ständig müssen Menschen Aggressionen, Gefühle und sexuelle Impulse unter Kontrolle halten. Der Mensch muß lernen, mit den veränderten Bedingungen zu leben.

Der Mensch muß den Weg der Maximierung, der die Evolution bisher bestimmte, verlassen und neue Wege als Überlebensstrategie finden. Wir müssen das blinde Risiko der biologischen Evolution durch das kalkulierbare Risiko des Homo sapiens ersetzen (nach Eibl-Eibesfeldt).

Da das menschliche Denken aber hauptsächlich in Ursachenketten und Wenn-Dann-Folgerungen verläuft, haben wir keinen Sinn für Ereignisse, die seltener als einmal pro Menschenleben auftreten. Es fällt uns schwer, die althergebrachten Denkbahnen zu verlassen und weiter als nur in die eigene Zukunft zu denken. Erst langsam setzt ein neuer Denkprozeß ein, wir berücksichtigen auch die Zukunft unserer Kinder und Kindeskinder. Wollen wir in unseren Nachkommen überleben, müssen wir „Frieden schließen mit der Natur" (F. *Hundertwasser*) und „Frieden mit den Mitmenschen" (I. Eibl-Eibesfeldt).

Die kulturelle Evolution — Ein Artmerkmal des Menschen

Ursprung der kulturellen Evolution ist das Sozialverhalten, die Abstraktionsfähigkeit, die Sprache, das Neugierverhalten, der Nachahmungstrieb und der hochentwickelte Spieltrieb des Menschen. Die genannten Eigenschaften sind zwar auch im Tierreich anzutreffen, aber nicht derart ausgeprägt und hoch entwickelt.

Die kulturelle Evolution beruht aber auch auf den körperlichen Veränderungen des Menschen. Durch das Aufrichten auf die Hinterbeine konnte sich eine Greifhand mit Daumen entwickeln, was eine Verbesserung etwa des Werkzeugherstellens und -gebrauchens zur Folge hatte.

Die Werkzeugherstellung, der Gebrauch des Feuers und die Entwicklung einer Sprache wirkten verstärkend auf die Weiterentwicklung jener Organe, die diese Leistungen erzielten. Die Menschen, die damit am besten zurechtkamen, haben sich am stärksten vermehrt und die Evolution weiter vorangetrieben. Heute ist das Verhältnis Vermehrungsrate zu besonderen Fähigkeiten meist indirekt proportional. Die am wenigsten „spezialisierten" Personen vermehren sich meist am stärksten (Entwicklungsländer, untere Gesellschaftsschicht in Industriestaaten).

An Hand von Fossilien kann man zwar die körperliche Evolution des Menschen rekonstruieren, die geistige Evolution kann nur auf Grund verschiedener Werkzeuge und Höhlenmalereien erahnt werden.

Die bisher gefundenen, ältesten Werkzeuge sind 1,5 Millionen Jahre alt, die ältesten Brandspuren (in Kenia) 1,4 Millionen Jahre. Offensichtlich kannte der damals lebende Homo erectus („Der Aufrechte") schon das Feuer. Ob er es auch selbst herstellte, ist unbekannt. Den Beginn der Sprachentwicklung wird man wohl nie erfahren. Schon vor 100.000 Jahren bestattete der Neandertaler die Toten samt Grabbeigaben. Er hatte also bereits Vorstellungen vom Jenseits und wohl eine Art Religion. Erst 3.000 Jahre v. Chr. entwickelte der Mensch die ersten Schriften (Hieroglyphen, sumerische Schrift). Seit damals wird Geschichte dokumentiert. Zuerst auf Steintafeln, Schriftrollen, später in Büchern, auf Filmen, Magnetbändern und Disketten.

Die durchschnittliche Lebenserwartung, die vor 200 Jahren bei etwa 30 Jahren lag, heute bei 70 (etwa in Österreich, der BRD), stieg zusehends und ging weit über das fortpflanzungsfähige Alter hinaus. Durch die Überlappung der Generationen entwickelte sich die Tradition.

Die verschiedenen Kulturen haben sich auf Grund der räumlichen Abgeschlossenheit ihrer Gebiete entwickelt und sind durch Sitten, Gebräuche, Glauben, Sprache, aber auch Gesellschaftsformen und Baustile deutlich unterscheidbar. Sie haben auch die Anpassungen an die Umwelt unterschiedlich gelöst. Die Vielzahl der heute bekannten Sprachen läßt sich in einer Art Stammbaum auf wenige Ausgangssprachen zurückführen. Je länger Volksgruppen isoliert waren, desto weniger Ähnlichkeit zeigt ihre Sprache mit der anderer Völker.

Durch die Sprache werden nicht nur rationale Inhalte vermittelt, sondern auch Emotionen. Emotionale Inhalte werden durch Sprachmelodie und -rhythmus mitgeteilt. Der Volksmund weiß: „Der Ton macht die Musik".

Im Zeitalter der Nachrichtentechnik, wirtschaftlicher Verflechtungen und des weltweiten Tourismus vermischen sich die Kulturen immer mehr und ihre Eigenarten verschwinden.

Die kulturelle wie die biologische Evolution zeigen Parallelen, aber auch grundsätzliche Unterschiede. Oft beruht kultureller Fortschritt auf der Weiterentwicklung und Verbesserung einmal gemachter Erfindungen. Die schöpferischen Einfälle der Menschen entsprechen den biologischen Mutationen. Sie führen zu relativ spontanen Veränderungen. Wissenschaftliche Erkenntnisse und technische Erfindungen wie das Rad oder der Motor sind nicht Variationen von schon Vorhandenem. Der Mensch erfand im Laufe seiner Entwicklung immer neue, besser und vorteilhaftere „künstliche Organe". Anfangs bearbeitete er Steine zu Waffen und Geräten, später verformte er Metall, heute produziert er Computer. Viele Erfindungen und Neuentwicklungen sind Produkte des ausgeprägten Spieltriebs, der hohen Lernfähigkeit und Neugier, sowie der Kreativität der Menschen.

Krieg — und keine Aussicht auf Frieden?

Die Geschichte der Menschheit ist auch eine Geschichte des Krieges. Zwischenmenschliche Aggressionen werden durch aggressionshemmende Mechanismen gesteuert, wenn sich die Aggressoren „von Angesicht zu Angesicht“ gegenüberstehen. Kriege aber verlaufen nach anderen Regeln und Gesetzen.

Ursachen vieler Kriege sind kulturelles Territorialverhalten und Streben nach Ressourcen. Krieg ist die gewaltsame Durchsetzung politischer, wirtschaftlicher oder religiöser Interessen gegen andere Völker oder innerhalb des eigenen Volkes (Bürgerkrieg). Der Krieg soll Ressourcen sichern, das Gebiet vergrößern und die Gruppenidentität bewahren. Jeder möchte den Krieg vermeiden und beklagt die Toten, aber der unersättliche Machttrieb der „Führer“ hetzt das Volk immer wieder in blutige, tödliche Auseinandersetzungen.

Sind Kriege vermeidbar? Das Verhindern von Kriegen wäre möglich, wenn man die Ursachen des Krieges kennt und diese beseitigt. In erster Linie müßte das Mißtrauen der Menschen abgebaut werden und das Sendungsbewußtsein mancher Völker. In den letzten Jahrzehnten hat sich zwar die Friedensforschung als selbständiges Arbeitsgebiet entwickelt, ihre bisher eher radikalen Forderungen haben aber noch kaum Lösungen gebracht. Frieden ist Abwesenheit von Krieg, und darüber hinaus Abwesenheit von organisierter, kollektiver Gewalt.

Ein Fortschritt ist die Gesprächsbereitschaft und relative Offenheit der Supermächte. Durch Abrüstungsverträge und Reduktion von Truppen wird das Gleichgewicht des Schreckens hoffentlich zu einem Gleichgewicht durch Toleranz und Verständnis.

Die Humanethologie untersucht die Ursachen der Verhaltensweisen der Menschen, überprüft, wieweit das Verhalten angeboren oder erlernt ist, wieweit es durch Erziehung und Gesellschaft veränderbar, beeinflußbar ist. Die Ergebnisse finden unter anderem Anwendung bei der Erstellung neuer Erziehungskonzepte, neuer Lernstrategien und in der Friedensforschung. Der Mensch ist im Gegensatz zum Tier ein vernunftbegabtes Wesen, das der Sprache mächtig ist, Kultur schafft und durch sein Dasein die Welt verändert. Er ist das einzige Lebewesen, das sich Ziele setzt und diese auch gegen angeborene Mechanismen erreichen kann. Der „immerwährende" Spieltrieb, die hohe Lernfähigkeit und das Neugierverhalten sind die Grundlagen der kulturellen Evolution.

Weiterführende Literatur

Zur Vertiefung des Themas empfiehlt die Autorin aus der Fülle der einschlägigen Literatur folgende Bücher, die zum Teil als Quelle benutzt wurden:

Eibl-Eibesfeldt, Irenäus (1987): Grundriß der vergleichenden Verhaltensforschung

Eibl-Eibesfeldt, Irenäus (1984): Die Biologie des menschlichen Verhaltens. Grundriß der Humanethologie

Eibl-Eibesfeldt, Irenäus (1988): Der Mensch — das riskierte Wesen

Lorenz, Konrad (1982): Vergleichende Verhaltensforschung

Lorenz, Konrad: Die Rückseite des Spiegels

Lorenz, Konrad: Das sogenannte Böse

Lorenz, Konrad: Über tierisches und menschliches Verhalten

Krebs, J. R. / *Davis,* N. B. (1984): Einführung in die Verhaltensökologie

Franck, Dierk (1979): Verhaltensbiologie

Morris, Desmond (1989): Die Horde Mensch

Tembrock, Günter (1987): Verhaltensbiologie

Bisher erschienen:

Irene Salome Cyrus · Die Indianer Nordamerikas
Herbert Ellinger · Buddhismus
Herbert Ellinger · Hinduismus
Gauß/Hartinger · Marxismus
Uwe Greve · Bundesrepublik Deutschland
Robert Harsieber · Das neue Weltbild
Johannes Huber · Menschen machen
Wolf In der Maur · Die Französische Revolution
Wolf In der Maur · Nationalismus
Dolf Lindner · Geheimbünde Europas
Nino Lo Bello · Der Vatikan
Leopold Lukschanderl · Der Wald
Roland Machatschke · Raumfahrt
Lucian O. Meysels · Nationalsozialismus
Eva Mitterbauer · Verhaltensforschung
Ruth Pauli · Sowjetunion
Peter Pelinka · Sozialdemokratie in Österreich
Reinhard Penninger · (Nord-)Irland
Rolf Rothmayer · Kybernetik
Simonitsch/Sterk · Österreich und die EG
Harald Sterk · Biedermeier
Peter Sterzinger · Das Wetter
Peter Sterzinger · Fliegen
Peter Stiegnitz · Judentum
Peter Stiegnitz · Sekten und Freikirchen
Eberhard Strohal · Erster Weltkrieg
Eberhard Strohal · Die Erste Republik
Eberhard Strohal · Zweiter Weltkrieg
Michael Thürmer · Deutsche Demokratische Republik
Günter Treffer · USA
Werner Wanschura · Astrologie
Alfred Worm · Gentechnik
Christa Zettel · Geheimnis der Zahl

In Vorbereitung befinden sich u. a. die Themen:
Japan · Mozart · Zigeuner · Psychosomatik
Westliches und östliches Denken
Künstliche Intelligenz · Die Habsburger · Kommunikation
Geld · Logik · Hypnose und Suggestion